Apuntes de Trigonometría y Geometría Analítica

Fausto Mauricio Lagos Suárez
Licenciado en Matemáticas y Estadística

En memoria de
Carlos Javier Lagos Suárez
Dedicado a
Carlos Mauricio Lagos

Agradecimientos

Gracias a **Dios** que permite mi vida cada día, a **mamá** y mis **hermanos** quienes siempre han dado lo mejor de cada uno para que yo pueda dar lo mejor de mi, a **Adriana Lorena Fonseca** por su amor, paciencia y compañia en cada una de mis ideas, a **Luis Arbey Gómez,** por enseñarme a amar la matemática, a tener disciplina, a leer y escribir... a **Jorge P. Ardila M.** por ser mi maestro hacker, *gracias maestros*, a **Ruth Paulina Baez** por su apoyo incondicional, al **Padre Edilberto Estupiñan** por la oportunidad de vivir una experiencia maravillosa en su *Colegio Seminario Diocesano*, a todos mis estudiantes pero en particular a **Tatiana Parra** y **Paula Carvajal,** dos grandes estudiantes que me acompañaron con esta tarea ardua de escribir, estudiar, resolver, corregir,... con una disciplina constante y siempre dispuestas a dar lo mejor de si, espero no olvidar a nadie y a todos con el más grande aprecio y respeto, GRACIAS.

Resumen

Apuntes de Trigonometría y Geometría Analítica nace con la intención de consolidar una experiencia desarrollada en el estudio de la trigonometría básica durante varios años, no pretende ser considerada una producción matemática ya que en palabras de Erik Temple Bell *"A menos que un hombre añada algo nuevo a las matemáticas, no es un matemático"* y este documento no añade nada nuevo a las matemáticas en particular a la trigonometría sino que presenta una compilación de lo que mi experiencia personal ha demostrado ser esencial en la introducción a la trigonometría, la mayor ambición de este documento se ha centrado en recopilar algunos datos puntuales sobre el desarrollo de la materia de interés que escasamente se encuentran presentes en los grandes volúmenes destinados a su estudio, que tal vez a ojos de algunos puedan parecer poco relevantes pero que a ojos inexpertos son claves.

Manejando un lenguaje claro pero sin abandonar la rigurosidad matemática se han compilado juiciosamente los contenidos que dan una adecuada introducción a la trigonometría, más que un libro de texto se trata de un material de consulta práctico que contiene los detalles que es bueno mantener siempre presentes por tal motivo su extensión no supera la debida a una toma cuidadosa de apuntes de clase.

La participación de estudiantes en su elaboración fue un factor crucial ya que permitió evaluar el documento sobre el terreno, *Tatiana Parra* y *Paula Carvajal* quienes participaron activamente en la construcción de los capítulos quinto y sexto, se dieron a la tarea de hacer un estudio dedicado así como una cuidadosa selección de los ejemplos y ejercicios allí presentados teniendo siempre como criterio un alto nivel de exigencia intelectual.

Este documento es el primero de una serie de aportaciones a la cultura libre tan necesaria en tiempos de obstrucción al conocimiento y cultura y bajo la filosofía del software y la cultura libres esta abierto para que la comunidad siga contruyendo a partir de éste mejores iniciativas todas encaminadas a hacer el acceso al conocimiento más posible para todos, es claro que todo esfuerzo humano es susceptible de ser mejorado y el equipo que trabajó en esta primera versión ya tiene manos a la obra para mejorar lo presente y se espera que todos a quienes llegue estén en actitud de comunidad para seguir construyendolo.

Lic. Fausto Mauricio Lagos Suárez.

Índice general

Capítulo 1

Ángulos

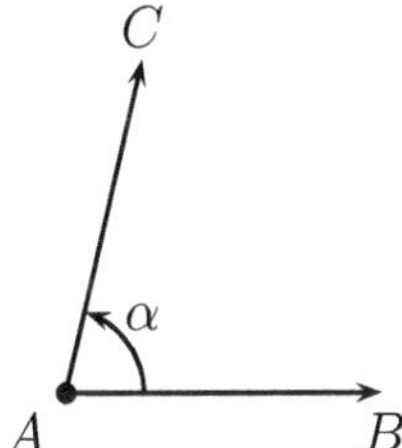

Figura 1.1: Ángulo.

DEFINICIÓN 1.1 Un *ángulo* es la unión entre 2 rayos o semirectas que comparten el mismo origen.

Partes de un ángulo: Un ángulo esta conformado por:

- *Vértice:* El punto de unión de las dos semirectas (A).
- *Lado inicial:* Segmento desde el cual se toma la medición de la magnitud de la rotación, $\overline{AB}$.
- *Lado final:* Segmento en el cual termina la medición de la rotación, $\overline{AC}$.

Notación: Los ángulos pueden notarse de acuerdo al área en la cual se estén estudiando, geométricamente se notan utilizando los nombres de sus puntos,

$$\sphericalangle BAC$$

en esta notación siembre el punto que se escribe en medio corresponde al vértice del ángulo, sin embargo en la trigonometría es más común notar los ángulos utilizando el alfabeto griego,

$$\sphericalangle\alpha \cong \sphericalangle BAC.$$[1]

Ángulos en el plano: Por lo general en geometría no importa el orden en el que se nombre a los puntos extremos de un ángulo, sin embargo cuando el ángulo se lleva a un plano coordenado es importante tener presente la posición relativa al origen y el eje de abscisas.

Es importante mencionar que un ángulo sobre un plano coordenado se lee respecto al cuadrante sobre el cual se encuentre su lado final, así un ángudo en posición normal estará en el segundo cuadrante si su lado final esta en el segundo cuadrante.

Ángulos en posición normal: Un ángulo se encuentra en posición normal cuando su vértice coincide con el origen del plano coordenado y su lado inicial se encuentra sobre el semieje positivo de abscisas.

Ángulos orientados: Dependiendo del sentido de la rotación del ángulo, se habla de ángulos positivos y ángulo negativos.

Si la rotación es en sentido horario el ángulo es orientado negativo y si la rotación es en sentido antihorario el ángulo es orientado positivo.

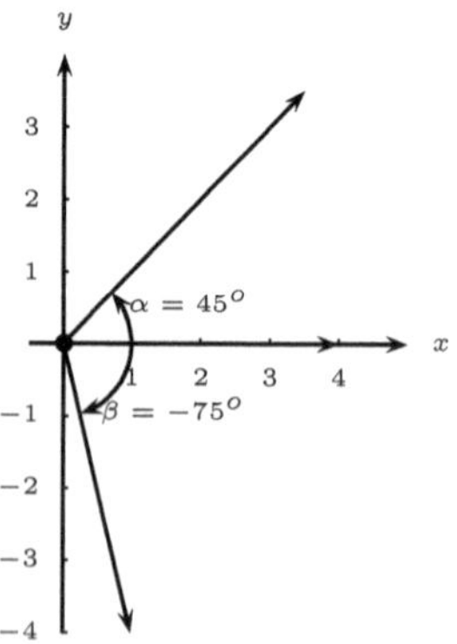

Figura 1.2: Ángulo orientados.

[1] El símbolo ≅ (congruencia) es utilizado para indicar que dos objetos geométricos tienen igual magnitud.

1.1. Medición de Ángulos

1.1.1. Sistema Sexagesimal

La unidad de medida del sistema sexagesimal de medición de ángulos es el grado (^{o}). Un grado se define como $\frac{1}{360}$ de revolución.

Una importante aplicación del sistema sexagesimal es el geoposicionamiento o coordenadas geográficas.

Las coordenadas geográficas determinan con presición un punto sobre el globo, estas coordenadas miden la distancia entre un punto dado y una línea de referencia base, la latitud se mide utilizando como línea base el ecuador terrestre y la lóngitud utiliza como línea base el meridinado de Greenwich.

Los paralelos son la circunferencias paralelas al ecuador terrestre y para éstos 1° equivale a $113,3\ km$; los meridianos son las circunferencias que pasan por los polos terrestres y para éstos $1^o = 111{,}11\ km$.

Escritura del sistema sexagesimal

E1) Escritura Decimal Representa el valor de la magnitud del ángulo a través de un valor decimal, por ejemplo $\angle\omega = 3{,}26^o$.

E2) Escritura GMS Representa la magnitud de un ángulo a través de tres (3) particiones fundamentales, Grado (^{o}), Minuto (') y Segundo ("), de acuerdo a las siguientes equivalencias:

$$1^o = \frac{1}{360} rev$$
$$1^o = 60'$$
$$1' = 60''.$$

Conversión decimal a GMS

1. Se toma la parte entera como el valor de grados.

2. Multiplicar la parte decimal por 60 y del resultado, la parte entera corresponde al valor de minutos.

3. Si el resultado anterior tiene parte decimal, se toma esta y se multiplica por 60 nuevamente para conseguir el valor de segundos.

Ejemplo 1.1 Convertir $21{,}256^o$ a escritura GMS.
Solución:

$$\begin{aligned}21{,}256^o &= 21^o(0{,}256\times 60)'\\ &= 21^o15'(0{,}36\times 60)''\\ &= 21^o15'22''.\end{aligned}$$

Conversión de GMS a escritura decimal

1. El valor de grados corresponde a la parte entera.

2. El valor de minutos se divide por 60 y se suma a la parte entera.

3. El valor de segundos se divide por 3600 y se suma al valor obtenido en el segundo paso.

Ejemplo 1.2 Convertir $50^o6'2''$ a escritura decimal
Solución:

$$50+\frac{6}{60}+\frac{2}{3600}=50{,}105833^o.$$

1.1.2. Sistema Cíclico

DEFINICIÓN 1.2 Si en una circunferencia de radio r se construye un ángulo con vértice en el centro de la circunferencia y que este subtendido por un arco de igual longitud al radio de la circunferencia, entonces el ángulo tiene una magnitud de un *radián*.

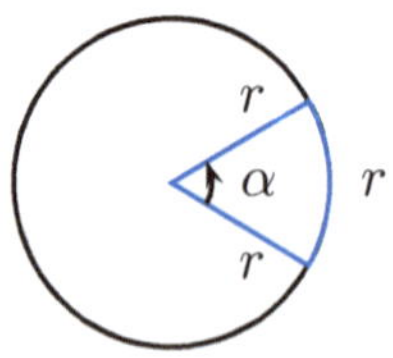

Figura 1.3: Radian.

Prueba: Dada una circunferencia de radio r, su perímetro esta dado por $p=2\pi r$. Si se toma la circunferencia unitaria $r=1$ sobre la cual el perímetro $p=2\pi$, se tiene que la mitad del perímetro (media circunferencia) es $p=\pi$ y la cuarta parte es $\frac{\pi}{2}$, la octava parta $p=\frac{\pi}{4}$ y sucesivamente. $\square$

OBSERVACIÓN 1.1: Según su magnitud los ángulos se clasifican en:

1. Ángulo agudo si su magnitud se encuentra entre $0 < \alpha < 90^O$ ó $0 < \alpha < \frac{\pi}{2} rad$.
2. Ángulo obtuso si su magnitud esta entre $90^O < \alpha < 180^O$ ó $\frac{\pi}{2} rad < \alpha < \pi rad$.
3. Ángulo recto si su magnitud es igual a $\alpha = 90^O$ ó $\alpha = \frac{\pi}{2} rad$.
4. Ángulo llano si su magnitud es igual a $\alpha = 180^O$ ó $\alpha = \pi rad$.
5. Ángulo nulo si su magnitud es $\alpha = 0^O$ ó $\alpha = 0 rad$.
6. Ángulo cuadrantal si su lado terminal se encuentra sobre cualquiera de los ejes coordenados del plano. Hay cuatro ángulos cuadrantales: $\alpha = 2\pi$ $\alpha = \pi$ $\alpha = \frac{\pi}{2} rad$ $\alpha = \frac{3\pi}{2} rad$.
7. Ángulo estandar si su magnitud es igual a, o es un múltiplo de $\alpha = \frac{\pi}{6} rad$ o $\alpha = \frac{\pi}{4} rad$ o $\alpha = \frac{\pi}{3} rad$.

1.1.3. Conversión entre sistemas de medición de ángulos

Por definición

$$1 rad = \frac{180^o}{\pi rad}$$
$$1^o = \frac{\pi rad}{180^o}.$$

Conversión de Sexagesimal a cíclico

Multiplicar el valor de la magnitud del ángulo dado en grados por $\frac{\pi rad}{180^o}$ y simplificar convenientemente.

Ejemplo 1.3 Expresar en radianes los ángulos $\theta = 160^o$ y $\beta = 112^o 40'$.

Solución:

$$\begin{aligned}\theta &= 160^o \times \frac{\pi}{180} rad \\ &= \frac{8\pi}{9} rad.\\ \beta &= 112{,}66^o \times \frac{\pi}{180} rad \\ &= \frac{169\pi}{270} rad \\ &= 1{,}9664 rad.\end{aligned}$$

Ejemplo 1.4 Exprese en GMS los ángulos $\alpha = \frac{5\pi}{6} rad$ y $\gamma = \frac{7}{5} rad$.
Solución:

$$\begin{aligned}\alpha &= \frac{5\pi}{6} rad \times \frac{180^o}{\pi} \\ &= 150^o. \\ \gamma &= \frac{7}{5} rad \times \frac{180^o}{\pi} \\ &= 80{,}21^o \\ &= 80^o 12' 51''.\end{aligned}$$

1.1.4. Aplicaciones en la física

Teorema 1. *Longitud de Arco*

Si r es el radio de una circunferencia y θ un ángulo central medido en radianes que intercepta a la circunferencia en un arco de longitud S, entonces

$$S = r\theta; \quad \theta \text{ en radianes.} \tag{1.1}$$

Demostración. Trazando dos (2) circunferencias concéntricas una de radio $r = 1$ y otra de radio r

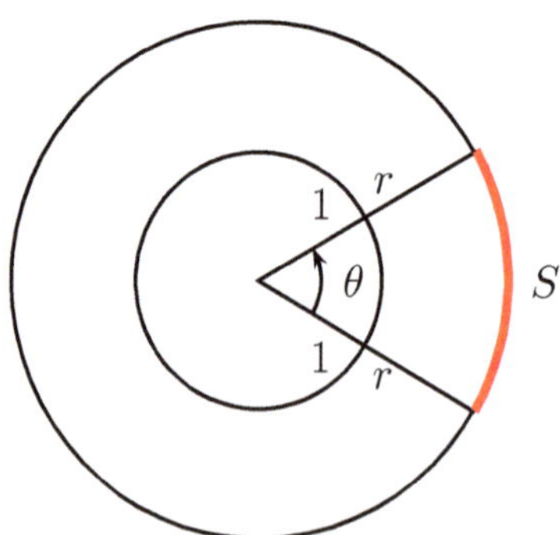

Figura 1.4: Longitud de Arco.

por proporcionalidad se tiene que

$$\frac{\theta}{S} = \frac{1}{r}$$

luego

$$S = r\theta.$$

□

Ejemplo 1.5 Un péndulo oscila un ángulo de 20° cada segundo. Si el péndulo tiene 40 pulgadas de longitud, ¿Cuánto se desplazará su punta cada segundo?.

Solución: Se inicia pasando la magnitud del ángulo a radianes

Figura 1.5: Ejemplo de longitud de arco.

$$20^o = \frac{\pi}{9} rad.$$

De acuerdo al planteamiendo, el radio del arco de circunferencia que describe el péndulo es $r = 40pul$, con lo cual, aplicando (1.1) se obtiene

$$\begin{aligned} S &= 40 \times \frac{\pi}{9} \\ &\approx 13{,}9626 pul. \end{aligned}$$

Teorema 2. *Área del Sector Circular*

Un sector circular es una región delimitada por un arco de circunferencia y un ángulo central.

El área de un sector circular esta dada por la expresión

$$K = \frac{1}{2} r^2 \theta; \quad \theta \text{ en radianes.} \tag{1.2}$$

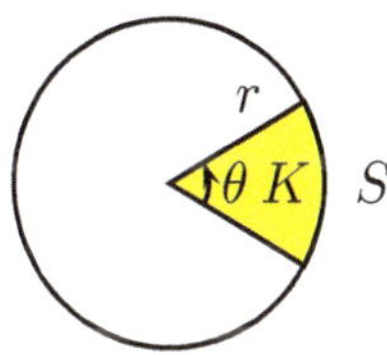

Figura 1.6: Área del sector circular.

Demostración. "La razón del área del sector y el área total del círculo es proporcional a la razón de la longitud del arco y el perímetro total de la circunferencia".

Se tiene entonces

$$\frac{K}{\pi r^2} = \frac{S}{2\pi r},$$

luego

$$K = \frac{Sr}{2},$$

finalmente, utilizando (1.1)

$$K = \frac{\theta r^2}{2}.$$

□

Ejemplo 1.6 Un sector de círculo tiene un ángulo central de 50° y una área de $605cm^2$. Encuentre el radio del círculo.

Solución:

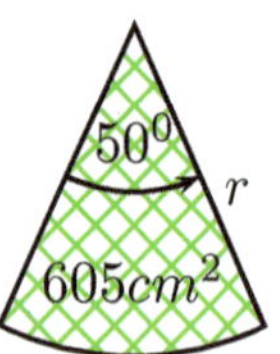

Figura 1.7: Ejemplo de área del sector circular.

De (1.2) se tiene que $r = \sqrt{\frac{2K}{\theta}}$, siempre que θ este dado en radianes, entonces

$$50^o = \frac{5\pi}{18} rad,$$

con lo cual

$$r \approx 37{,}23cm.$$

DEFINICIÓN 1.3 Si sobre una circunferencia un punto P recorre un arco de lontigud S en un tiempo t se dice de P que su velocidad lineal es:

$$V = \frac{S}{t}.$$

DEFINICIÓN 1.4 Si un objeto gira ángulos iguales en tiempos iguales se dice que su velocidad angular ω esta expresada por:

$$\omega = \frac{\theta}{t}; \quad \theta \text{ en radianes.}$$

Teorema 3. *Movimiento Circular Uniforme La velocidad de un objeto que se desplaza sobre un arco de circunferencia se define como:*

$$V = r\omega. \tag{1.3}$$

Figura 1.8: Movimiento circular uniforme.

Demostración. De la definición (1.3) y la ecuación (1.1), se tiene que

$$V = \frac{r\theta}{t}, \quad \theta \text{ en radianes.}$$

aplicando la definición (1.4)

$$V = r\omega.$$

□

Ejemplo 1.7 Una polea de $36cm$ de diámetro gira por medio de una banda de transmisión que se mueve a una velocidad de $5\frac{m}{s}$. ¿Cuántas revoluciones por segundo corresponden a la rotación de la polea?.

Solución:

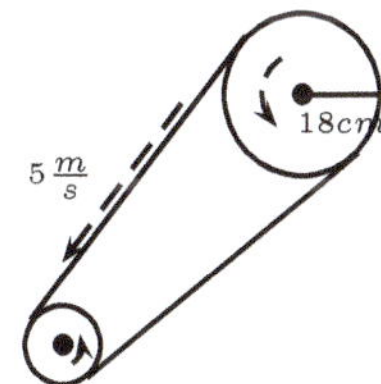

Figura 1.9: Ejemplo de movimiento circular uniforme.

Del planteamiento se tiene que la velocidad lineal de la polea $V = 500\frac{cm}{s}$, y de (1.3) se deduce $\omega = \frac{V}{r}$, con lo cual la velocidad angular de la polea corresponde a:

$$\omega \approx 27{,}77\frac{rad}{s}$$

como $1rev = 2\pi rad$, entonces

$$\omega \approx 4{,}42\frac{rev}{s}.$$

Ejercicios 1

En los ejercicios 1 y 2 obtenga la medida equivalente en radianes de los ángulos dados.

1) (a) $35^o22'12"$ (b) $102^o31'27"$

2) (a) $68^o53'48"$ (b) $251^o8'14"$

3) Encuentre la medida en GMS correspondiente al ángulo dado.

   (a) $\frac{1}{4}\pi\ rad$ (b) $0{,}23\ rad$
   (c) $-5\pi\ rad$ (d) $\frac{4}{2}\pi\ rad$
   (e) $4{,}78\ rad$ (f) $-2,75\ rad$

4) Determine el valor del área sombreada en la figura.

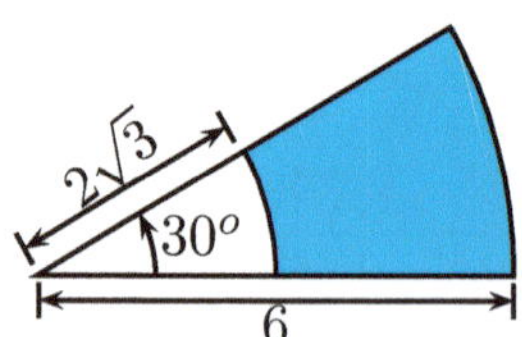

5) Un péndulo oscila un ángulo de 40° cada segundo. Si el péndulo tiene $20in$ de longitud, ¿cuánto se desplazará su punta cada segundo?.

6) Para estimar la velocidad de un río se introduce una rueda de paletas de $4f$ de radio en el agua. Si la corriente hace que la rueda gire a una velocidad de $10\frac{rev}{min}$, ¿cuál será la velocidad de la corriente?. Exprese la respuesta en metros por hora.

7) Una ángulo central θ intercepta un arco de $3f$ de largo en una circunferencia de $20in$ de radio. Aproxime la medida de θ en radianes y grados.

8) Un ciclista experto puede alcanzar una velocidad de $40\frac{mi}{h}$. Si la rueda de la bicicleta tiene un diámetro de $28in$, calcule la velocidad angular necesaria para alcanzar dicha velocidad lineal. (*Recuerde que* $1mi = 5280f = 63360in$).

9) Dos puntos A y B de la superficie de la Tierra están sobre el mismo meridiano. Si A tiene una latitud de $10^o N$ y la latitud de B es $4{,}6^o S$, ¿Cuál es la distancia que separa a los dos puntos?.

10) Dos poleas, una con radio de $2in$ y la otra con radio de $8in$, están conectadas por una banda, Si la polea de $2in$ gira a $3\frac{rev}{min}$, determine las revoluciones por minuto de la polea de $8in$. (*Sugerencia:* $1ml = 5280ft = 63360in$)

11) Si los valores de las áreas sombreadas son iguales, determine el valor del ángulo θ.

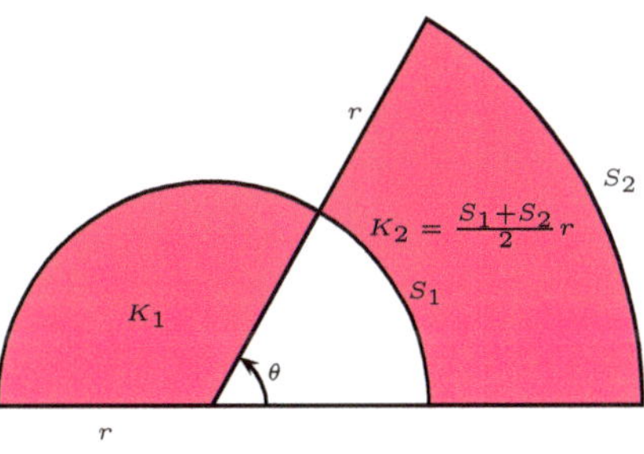

OBSERVACIÓN 1.2: Otras definiciones de ángulos:

1. *Ángulo complementario* es aquél cuya magnitud sumada a la de otro ángulo da como resultado un ángulo recto.

2. *Ángulo suplementario* es aquél cuya magnitud sumada a la de otro ángulo da como resultado un ángulo llano.

3. *Ángulos alternos internos* son dos ángulos internos con diferentes vértices en lados opuestos de la transversal. *Ángulos alternos externos* son dos ángulos externos con diferentes vértices en lados opuestos de la transversal. *Ángulos correspondientes* son ángulos que están en el mismo lados de la transversal. Uno de los ángulos es un ángulo externo y el otro es un ángulo interno. *Ángulos opuestos por el vértice* son ángulos que tienen el mismo vértice y estan en lados opuestos de la transversal. Uno de los ángulos es externo y el otro interno. Todos los ángulos mencionados antes son ángulos congruentes.

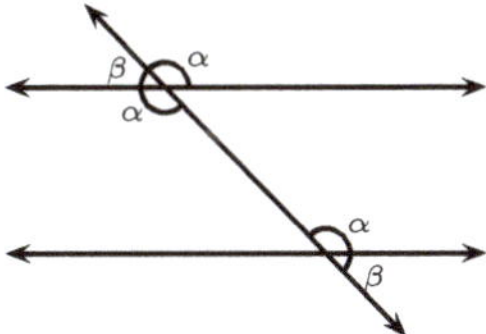

Capítulo 2

Triángulos Rectángulos

DEFINICIÓN 2.1 La etimología de la palabra *trigonometría* es del griego $\tau\rho\iota\gamma\omega\nu o$ = triángulo y $\mu\varepsilon\tau\rho o\nu$ = medida, que la define como el estudio analítico de los triángulos y sus componentes.

DEFINICIÓN 2.2 Un *triángulo rectángulo* es aquél cuyos dos de sus lados son perpendiculares entre sí y por tanto uno de sus ángulos es recto, es decir de magnitud $\frac{\pi}{2}rad$.

En un triángulo rectángulo se definen dos ángulos agudos y uno recto, de acuerdo a esto se determinan los catétos, que son los lados opuestos a los ángulos agudos, y la hipotenusa, el lado opuesto al ángulo recto del triángulo.

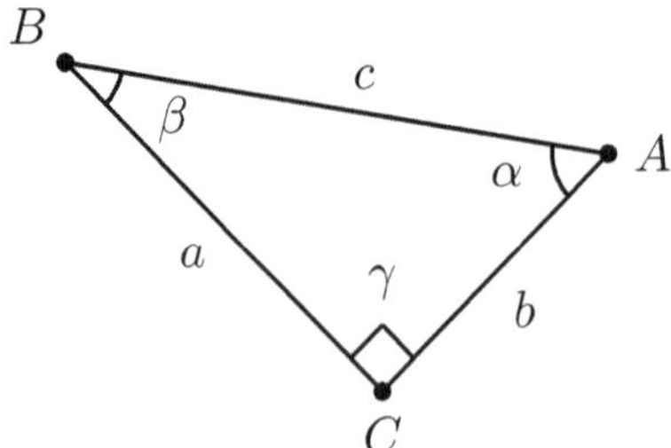

Figura 2.1: Triángulo Rectángulo.

Teorema 4. *Teorema de Pitágoras*

La suma de los cuadrados (áreas) construidos sobre los catetos de un triángulo rectángulo es igual al cuadrado (área) construido sobre la hipotenusa del triángulo rectángulo.

Demostración. [1]

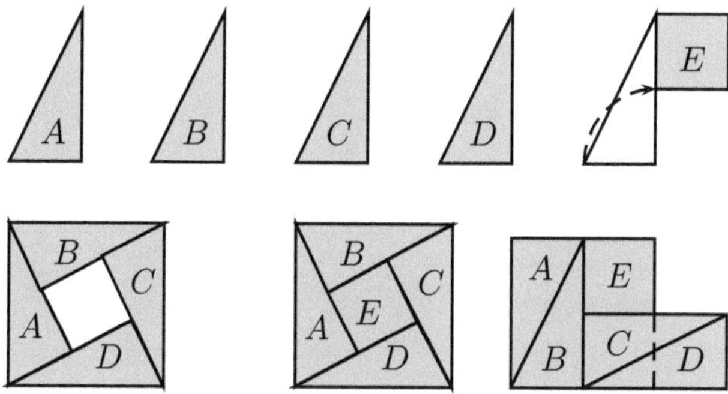

Figura 2.2: Demostración teorema de Pitágoras.

Se ha elegido la más sencilla: la del *enlosado.*

"En ella hemos tomado un triángulo rectángulo completamente arbitrario. Le pedimos a un carpintero cinco tablitas: cuatro de ellas de la forma de nu- estro triángulo rectángulo, y la quinta, de la forma de un cuadrado cuyo lado sea igual a la diferencia entre ambos catetos. Estas cinco tablas se pueden agrupar componiendo un cuadrado grande, como aquí lo hemos hecho. La simple vista comprueba que la composición se ha logrado sin dejar huecos, pero, sin embargo, hay que tener cuidado, puesto que la vista es un matemático bastante malo. A pesar de ello, por esta vez no nos engaña. Como fácilmente se reconoce, los ángulos de la figura que resulta son rectos, ya que todos son iguales a la suma de los dos ángulos agudos del triángulo. Y como la suma de los ángulos de un triángulo vale siempre dos rectos, y ahora el triángulo cuenta ya con un ángulo recto, la suma de los otros dos, de los ángulos agudos, tendrá que ser igual a un ángulo recto. Además de esto, los lados de la figura son todos de igual longitud, justamente, iguales a la hipotenusa de nuestro triángulo, con todo lo cual, la figura será efectivamente un cuadrado, ya que constará de cua- tro lados iguales y de cuatro ángulos rectos. Exactamente lo mismo se podría comprobar que el hueco interior es también un cuadrado, que precisamente se podría rellenar con la tablita E. Consta, evidentemente, de cuatro ángulos rectos, puesto que los cuatro ángulos rectos de los triángulos coinciden con sus vértices; también son iguales a la diferencia entre ambos catetos, como se desprende de la figura. Por consiguiente, también el hueco será un cuadrado, igual a la tabla E. El cuadrado total resultante no es otra cosa que el cuadrado construído sobre la hipotenusa de nuestro triángulo. Una vez visto lo anterior, descompongamos la figura, y ordenemos de nuevo las tablas, como si se tratase de un "puzle". Después de algunas vacilaciones y

[1] Transcripción de LA MAGIA DE LOS NÚMEROS, Paul Karlson, Ed. Labor S.A - 1960 pág. 122, 123.

tanteos, llegamos a una figura angular, que, si bien no se pasa de bonita, es en cambio de mucha utilidad. El lector puede explicarse por sí mismo por qué todos los ángulos resultantes ahora son también rectos, y por qué las tablas se adaptan unas a otras sin huecos, dando lugar a una figura resultante completamente compacta. Si a continuación trazamos la línea de puntos, la figura quedará descompuesta en dos cuadrados, una más grande y otro más pequeño. Que el mayor es un cuadrado, es evidente; y en cuantro al pequeño, se puede comprobar con un mínimo esfuerzo. Pero los lados de estos dos cuadrados son, precisamente, iguales a los catetos de nuestro triángulo. Con las mismas tablas, pues, hemos formado primero el cuadrado sobre la hipotenusa, y después, los dos cuadrados sobre los catetos. Con ello, las dos figuras no tendrán más remedio que tener la misma área, y habremos conseguido, con la máxima generalidad, la proposición: en todo triángulo rectángulo, independientemente de su forma, y de la disposición casual de sus lados, ya sean éstos grandes o pequeños, el cuadrado construído sobre la hipotenusa será siempre igual a la suma de los construídos sobre los catetos. Que es lo que queríamos demostrar." □

DEFINICIÓN 2.3 El círculo goniométrico es una circunferencia de centro el origen y radio uno que fue utilizado inicialmente por Hiparco de Nicea para definir sus tablas de cuerdas, de la versión de Hiparco no se tiene claro cual era el valor de r, sin embargo dicho círculo fue retomado por Tolomeo quien definio $r = 60$ y luego por los árabes quienes le dieron el valor final de $r = 1$ para la construcción de las tablas trigonométricas que se conocen actualmente.

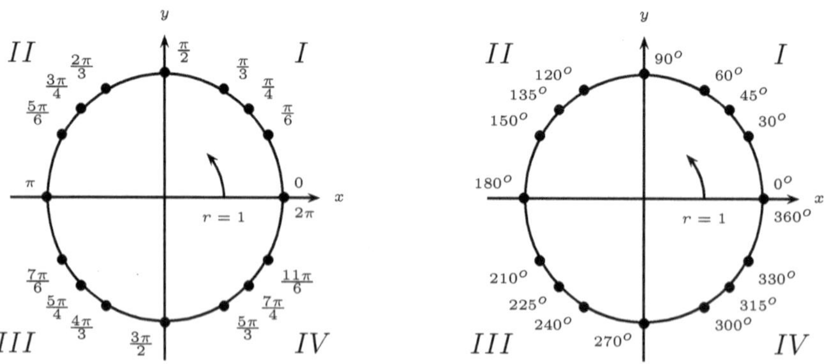

Figura 2.3: Círculo Goniométrico.

2.1. Razones Trigonométricas

A partir de un triángulo rectángulo puesto sobre el círculo goniométrico se definen las razones trigonométricas para un ángulo agudo.

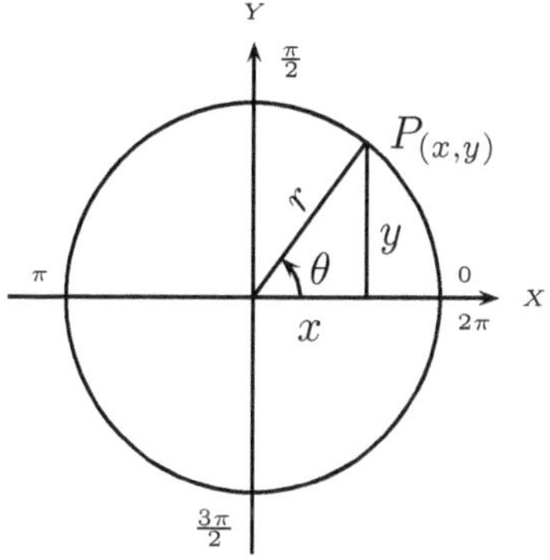

Figura 2.4: Razones Trigonométricas.

En la sección 2.2.2 del presente capítulo se estudiará la implicación de $r = 1$, en las razones trigonométricas.

$$\sin\theta = \frac{y}{r}; \quad \cos\theta = \frac{x}{r}; \quad \tan\theta = \frac{y}{x};$$

$$\cot\theta = \frac{x}{y}; \quad \sec\theta = \frac{r}{x}; \quad \csc\theta = \frac{r}{y}.$$

En general, y como método de fácil recordación pueden utilizarse los acrónimos recursivos ca = cateto adyacente; co = cateto opuesto y h =hipotenusa, para construir la frase:

$$\begin{array}{cccccc} \frac{co}{h}; & \frac{ca}{h}; & \frac{co}{ca}; & \frac{ca}{co}; & \frac{h}{ca}; & \frac{h}{co} \\ \sin A; & \cos A; & \tan A: & \cot A; & \sec A; & \csc A \end{array}$$

2.1.1. Signos de las razones trigonométricas

Un ángulo en posición normal se encuentra en el cuadrante en el que este su lado final, así, en la figura (2.5), α es un ángulo en el primer cuadrante ya que su lado final se encuentra dentro del primer cuadrante, ϕ, de manera análoga es un ángulo en el segundo cuadrante, mientras que β esta en el tercer cuadrante y θ esta en el cuarto cuadrante ya que su lado final esta en dicho cuadrante.

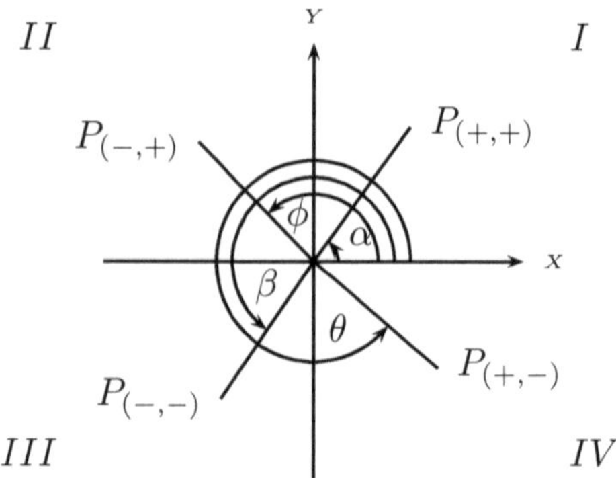

Figura 2.5: Sígnos de las razones trigonométricas.

La ubicación de ángulos en posición normal dentro de alguno de los cuadrantes del plano coordenado determina el signo que toman las razones trigonométricas de determinado ángulo.

Tomando la definición de las razones trigonométricas hecha en la sección inmediatamente anterior y la figura (2.5), los signos de las razones trigonométricas, de acuerdo al cuadrante en que se encuentre el ángulo son los que muestra la tabla siguiente, cabe notar que en cualquier caso y de acuerdo a la figura (2.4) el lado final del ángulo se toma como la hipotenusa de un triángulo rectángulo y por tanto su signo siempre es positivo.

	$\sin A$	$\cos A$	$\tan A$	$\cot A$	$\sec A$	$\csc A$
I	$+$	$+$	$+$	$+$	$+$	$+$
II	$+$	$-$	$-$	$-$	$-$	$+$
III	$-$	$-$	$+$	$+$	$-$	$-$
IV	$-$	$+$	$-$	$-$	$+$	$-$

Tabla 2.1: Signos de las funciones trigonométricas.

Ejemplo 2.1 Sea θ un ángulo en posición normal cuyo lado final contiene a P. Utilizando la definición de las razones trigonométricas evalúe las seis razones trigonométricas de θ si $P\left(-3\sqrt{3},-3\right)$

Solución: Ubicando el punto P en un plano coordenado se tiene que el cateto adyacente tiene una longitud de $-3\sqrt{3}$ unidades a la izquierda, mientras el cateto opuesto tiene una longitud de 3 unidades hacia abajo, por tanto θ es un ángulo en el tercer cuadrante.

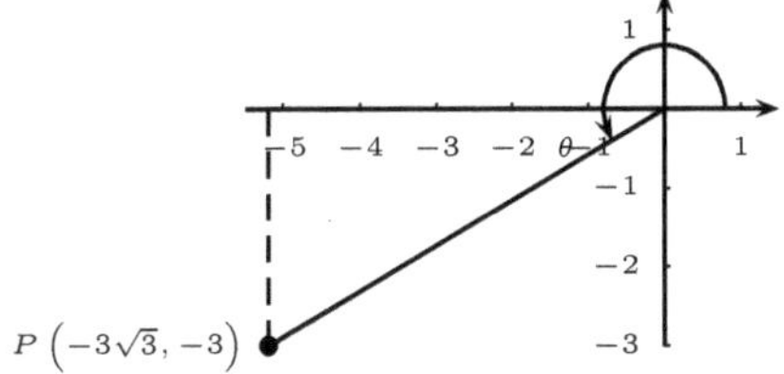

Figura 2.6: Ejemplo razones trigonométricas.

Calculando la longitud de la hipotenusa a través del teorema de Pitágoras

$$\overline{OP} = \sqrt{\left(-3\sqrt{3}\right)^2 + (-3)^2}$$
$$\approx 6.$$

Entonces, utilizando las coordenadas del punto P, los valores de las funciones trigonométricas de θ son:

$$\sin\theta = -\frac{1}{2} \quad \cos\theta = -\frac{\sqrt{3}}{2} \quad \tan\theta = \frac{\sqrt{3}}{3}$$

$$\cot\theta = \sqrt{3} \quad \sec\theta = -\frac{2\sqrt{3}}{3} \quad \csc\theta = -2$$

2.2. Funciones Trigonométricas

Si en un ángulo en posición normal se trazan rectas perpendiculares al lado inicial, se garantiza que las razones trigonométricas se conservan ya que los triángulos formados son semejantes, luego el valor de las razones trigonométricas depende de la magnitud del ángulo, no de la longitud de sus lados; de ahí que las razónes trigonométricas queden definidas como funciones del ángulo.

Por el teorema fundamental de proporcionalidad, en la figura (2.7) se tiene que

$$\frac{\overline{QR}}{\overline{OR}} = \frac{\overline{ST}}{\overline{OT}}$$

luego

$$\sin\theta = \frac{\overline{QR}}{\overline{OR}} = \frac{\overline{ST}}{\overline{OT}},$$

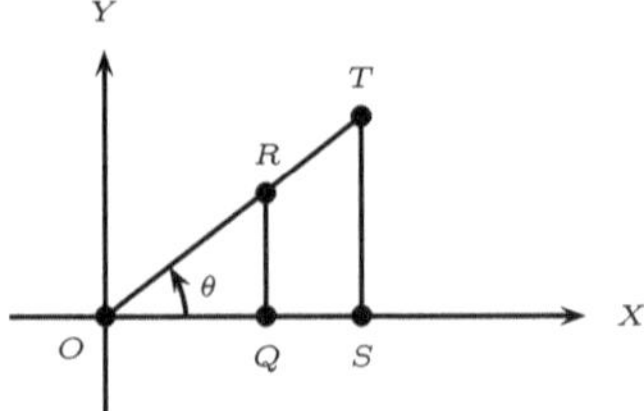

Figura 2.7: Triángulo Semejantes.

de igual manera para las cinco (5) funciones restantes, lo que comprueba que el valor de las funciones trigonométricas depende de la magnitud del ángulo no de la longitud de sus lados, como se había mencionado antes.

2.2.1. Funciones trigonométricas de $\frac{\pi}{6}$; $\frac{\pi}{4}$ y $\frac{\pi}{3}$

Considere el triángulo rectángulo

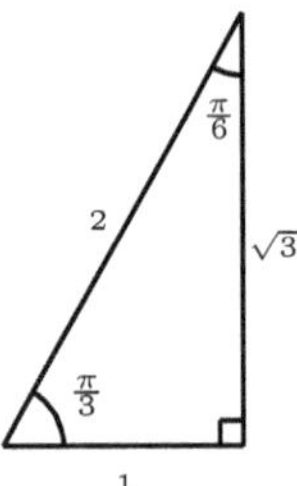

Figura 2.8: Funciones Trigonométricas de $\frac{\pi}{6}$ y $\frac{\pi}{3}$.

las funciones trigonométricas del ángulo $\frac{\pi}{3}$ y $\frac{\pi}{6}$ son[2]:

$$\sin\left(\frac{\pi}{3}\right) = \frac{\sqrt{3}}{2} = \cos\left(\frac{\pi}{6}\right); \qquad \cos\left(\frac{\pi}{3}\right) = \frac{1}{2} = \sin\left(\frac{\pi}{6}\right);$$

$$\tan\left(\frac{\pi}{3}\right) = \sqrt{3} = \cot\left(\frac{\pi}{6}\right); \qquad \cot\left(\frac{\pi}{3}\right) = \frac{\sqrt{3}}{3} = \tan\left(\frac{\pi}{6}\right);$$

$$\sec\left(\frac{\pi}{3}\right) = 2 = \csc\left(\frac{\pi}{6}\right); \qquad \csc\left(\frac{\pi}{3}\right) = \frac{2\sqrt{3}}{3} = \sec\left(\frac{\pi}{6}\right).$$

[2] *Cofunciones:* Si dos ángulos α y β son complementarios, entonces $\sin\alpha = \cos\beta$; $\cos\alpha = \sin\beta$; $\tan\alpha = \cot\beta$; $\cot\alpha = \tan\beta$; $\sec\alpha = \csc\beta$ y $\csc\alpha = \sec\beta$.

Para las funciones trigonométricas de $\frac{\pi}{4}$ se recurre a un triángulo isosceles con ángulos agudos de $\frac{\pi}{4}$ y lados congruentes de longitud 1.

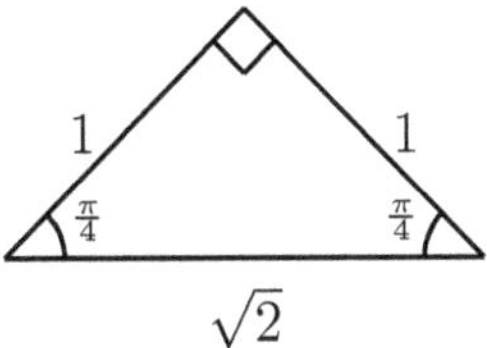

Figura 2.9: Funciones Trigonométricas de $\frac{\pi}{4}$.

$$\sin\left(\frac{\pi}{4}\right) = \frac{\sqrt{2}}{2} = \cos\left(\frac{\pi}{4}\right); \qquad \tan\left(\frac{\pi}{4}\right) = 1 = \cot\left(\frac{\pi}{4}\right);$$

$$\sec\left(\frac{\pi}{4}\right) = \sqrt{2} = \csc\left(\frac{\pi}{4}\right).$$

2.2.2. Funciones trigonométricas de ángulos cuadrantales

Se llama ángulo cuadrantal a todo ángulo en posición normal cuyo lado final se encuentre sobre uno de los eje coordenados; son cuatro (4) los ángulos cuadrantales: 0 o 2π; $\frac{\pi}{2}$; π y $\frac{3\pi}{2}$.

De las razones trigonométricas, definidas en la sección 2 del presente capítulo, se tiene que, al ser $r = 1$, los valores de las funciones trigonométricas seno y coseno de un ángulo están determinados por la longitud del cateto opuesto para el caso del seno y del cateto adyacente para el caso del coseno, entonces:

$$\sin\theta = \frac{y}{r} = y; \quad \cos\theta = \frac{x}{r} = x; \quad \text{con } r = 1,$$

es decir, del cŕculo goniométrico se tiene que el valor de la función seno corresponde a la longitud del cateto opuesto y el valor de la función coseno a la longitud del cateto adyacente, así y de acuerdo con la definición de las razones trigonométricas se tiene que:

$$\tan\theta = \frac{\sin\theta}{\cos\theta}; \quad \cot\theta = \frac{\cos\theta}{\sin\theta}; \quad \sec\theta = \frac{1}{\cos\theta}; \quad \csc\theta = \frac{1}{\sin\theta}.$$

Ahora, teniendo en cuenta que cuando el ángulo es cuadrantal, uno de los catetos tiene longitud cero y el otro la misma longitud que la hipotenusa y que el círculo goniométrico tiene centro el origen, los valores de las funciones trigonométricas de ángulos cuadranles son:

	0 o 2π	$\frac{\pi}{2}$	π	$\frac{3\pi}{2}$
$\sin\theta$	0	1	0	-1
$\cos\theta$	1	0	-1	0
$\tan\theta$	0	∞	0	$-\infty$
$\cot\theta$	∞	0	$-\infty$	0
$\sec\theta$	1	∞	-1	$-\infty$
$\csc\theta$	∞	1	$-\infty$	-1

Tabla 2.2: funciones trigonométricas de ángulos cuadrantales

Ejemplo 2.2 Determine el valor exacto[3] de la expresión:

$$\frac{\cos\left(\frac{\pi}{6}\right)}{\sec\left(\frac{\pi}{3}\right)}+1+\frac{\csc\left(\frac{\pi}{6}\right)}{\sin\left(\frac{\pi}{6}\right)}$$

Solución:

$$\begin{aligned}\frac{\cos\left(\frac{\pi}{6}\right)}{\sec\left(\frac{\pi}{3}\right)}+1+\frac{\csc\left(\frac{\pi}{6}\right)}{\sin\left(\frac{\pi}{6}\right)} &= \frac{\frac{\sqrt{3}}{2}}{2}+1+\frac{2}{\frac{1}{2}}\\ &= \frac{\sqrt{3}}{4}+5\\ &= \frac{\sqrt{3}+20}{4}.\end{aligned}$$

Ejemplo 2.3 Si se ignora la fricción, el tiempo t (en segundos) requerido para que un bloque resbale sobre un plano inclinado, está dado por la ecuación

$$t=\sqrt{\frac{2a}{g\sin\theta\cos\theta}}$$

donde a es la longitud de la base y $g = 32\frac{ft}{s^2}$ es la aceleración de la

[3]Valor exacto se le llama a la expresión que contiene todos los decimales mientras que el valor aproximado es la expresión que contiene únicamente los decimales significativos.

gravedad. ¿Qué tiempo le toma al bloque resbalar por un plano inclinado de base $a = 10ft$ cuando *(a)* $\theta = \frac{\pi}{6}$?, *(b)* $\theta = \frac{\pi}{4}$? y *(c)* $\theta = \frac{\pi}{3}$?.

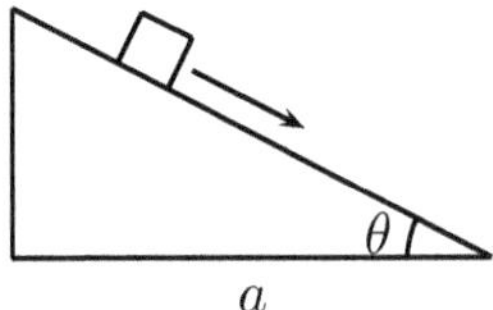

Figura 2.10: Ejemplo valores de las funciones trigonométricas.

Solución:
(a) Sustituyendo en la ecuación del tiempo $a = 10$; $g = 32$ y $\theta = \frac{\pi}{6}$

$$\begin{aligned} t &= \sqrt{\frac{5}{2\sqrt{3}}} \\ &= \frac{\sqrt{30\sqrt{3}}}{6}. \end{aligned}$$

(b) con $\theta = \frac{\pi}{4}$

$$\begin{aligned} t &= \sqrt{\frac{20}{16}} \\ &= \frac{\sqrt{5}}{2}. \end{aligned}$$

(c) y para $\theta = \frac{\pi}{3}$

$$\begin{aligned} t &= \sqrt{\frac{5}{2\sqrt{3}}} \\ &= \frac{\sqrt{30\sqrt{3}}}{6}. \end{aligned}$$

En conclusión cuando $\theta = \frac{\pi}{6}$ y $\theta = \frac{\pi}{3}$ el bloque cae en $t \approx 1{,}20s$, mientras que para $\theta = \frac{\pi}{4}$ el tiempo que tarda en resbalar es $t \approx 1{,}118s$.

2.2.3. Funciones trigonométricas de ángulos mayores de $\frac{\pi}{2}$.

DEFINICIÓN 2.4 Si θ es un ángulo no cuadrantal, se llama *ángulo de referencia* al ángulo agudo θ_r formado por el lado final de θ y el semieje de abscisas más cercano.

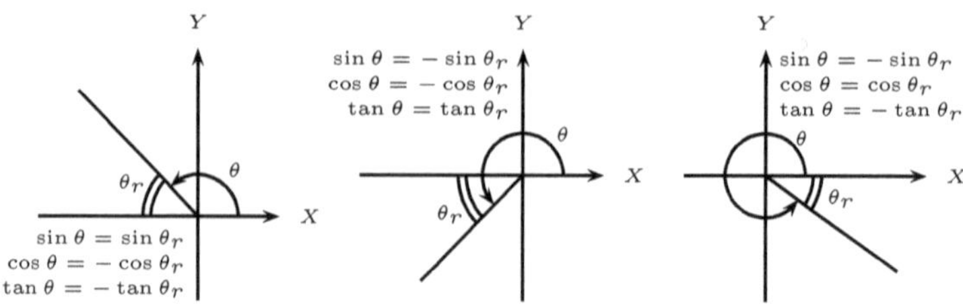

Figura 2.11: Ángulo de referencia.

De la Figura (2.11) se tiene que para un ángulo θ en el segundo cuadránte la magnitud de su ángulo de referencia θ_r se determina haciendo

$$\theta_r = \pi - \theta,$$

de manera análoga, para un ángulo θ en el tercer cuadrante, su ángulo de referencia θ_r se determina con

$$\theta_r = \theta - \pi,$$

finalmente, para un ángulo θ en el cuarto cuadrante, su ángulo de referencia θ_r esta dado por

$$\theta_r = 2\pi - \theta.$$

Ejemplo 2.4 Determine el ángulo de referencia y las seis funciones trigonométricas del ángulo *(a)* $\omega = \frac{11\pi}{6}$ y *(b)* $\alpha = 240^o$.

Solución:

(a) $\omega = \frac{11\pi}{6}$ es un ángulo en el cuarto cuadrante, luego su ángulo de referencia se forma con el lado final de ω y el semieje positivo de abscisas

$$\begin{aligned} \omega_r &= 2\pi - \omega \\ &= 2\pi - \frac{11\pi}{6} \\ &= \frac{\pi}{6}. \end{aligned}$$

Los valores de las funciones trigonométricas de $\frac{\pi}{6}$ están expresados en la página 18.

(b) De igual manera, al analizar $\alpha = 240^o$, se tiene que es un ángulo en el tercer cuadrante, luego su ángulo de referencia α_r se forma con el lado final de α y el semieje negativo de abscisas

$$\begin{aligned} \alpha_r &= \alpha - 180^o \\ &= 240^o - 180^o \\ &= 60^o. \end{aligned}$$

Igualmente los valores de las funciones trigonométricas de 60° se encuentra en la página 18.

DEFINICIÓN 2.5 Dos ángulos α y β son coterminales si su lado final es el mismo, de otra forma, dos ángulos son coterminales si uno es mayor a 2π o negativo, su ángulo coterminal tiene una magnitud entre 0 y 2π.

Ejemplo 2.5 Determine los valores de las funciones trigonométicas de $\frac{43\pi}{4}$.

Solución: Siempre que sea dado un ángulo en radianes, se estara trabajando con π como la unidad base, luego lo aconsejable es revisar la escritura mixta del fraccionario $\frac{43\pi}{4}$ que corresponde a:

$$\frac{43\pi}{4} = 10\frac{3\pi}{4},$$

así, el ángulo coterminal positivo a $\frac{43\pi}{4}$ es $\frac{3\pi}{4}$, su ángulo de referencia será $\frac{\pi}{4}$ y los valores de las funciones trigonométricas correspondientes aparecen en la página 19.

2.2.4. Funciones trigonométricas inversas.

DEFINICIÓN 2.6 Si f es una función sobreyectiva con dominio D y rango R y si $\forall u \in D \;\; \exists v \in R \;\mid\; f(u) = v \Longrightarrow f^{-1}(v) = u$, y se lee función inversa de f.

Normalmente tiende a confundirse los conceptos de inverso y recíproco, así, las propiedades de los números reales definen los recíprocos aditivos y multiplicativos de un número real; el concepto de inverso aparece en la definición de función real de donde

$$f^{-1}(x) \neq \frac{1}{f(x)}$$

ya que la parte izquierda denota la inversa de la función f y la parte de la derecha denota el recíproco multiplicativo de la función f. Una manera simple de ver esta diferencia está en la definición misma de función inversa, la función inversa busca que conociendo las imágenes o los elementos del rango puedan determinarse los elementos del dominio o preimágenes, mientras que la operación por el recíproco bien sea aditivo o multiplicativo busca encontrar el respectivo elemento neutro, cero en la adición y uno en el producto.

Con lo anterior se definen las funciones trigonométricas inversas como sigue:

DEFINICIÓN 2.7

La función inversa del seno, denotada por $\sin^{-1} A$ o $\arcsin A$, se define como

$$\begin{aligned} \text{Si } \sin A = x, &\text{ entonces} \\ A &= \sin^{-1} x = \arcsin x. \end{aligned}$$

DEFINICIÓN 2.8

La función inversa del coseno, denotada por $\cos^{-1} A$ o $\arccos A$, se define

$$\begin{aligned} \text{Si } \cos A = x, &\text{ entonces} \\ A &= \cos^{-1} x = \arccos x. \end{aligned}$$

Es necesario resaltar que, como se demostrará más adelante en el capítulo 4, por tener las funciones seno y coseno rango el intervalo $[-1, 1]$, las respectivas inversas están definidas siempre que $-1 \leq x \leq 1$.

DEFINICIÓN 2.9

La función inversa de la tangente, denotada por $\tan^{-1} A$ o $\arctan A$, esta definida como

$$\begin{aligned} \text{Si } \tan A = x, &\text{ entonces} \\ A &= \tan^{-1} x = \arctan x. \end{aligned}$$

La función inversa de la tangente no tiene igual restricción que las respetivas inversas de seno y coseno ya que, como se demostrará más adelante en el capítulo 4, la tangente tiene por rango el conjunto de los números reales.

2.3. Resolver triángulos rectángulos

Resolver un triángulo significa conocer la longitud de sus tres lados y la magnitud de sus tres ángulos internos, un triángulo rectángulo puede resolverse cuando el planteamiento cumple uno de los dos siguientes casos:

a) Se conocen un lado y un ángulo.

En este caso se plantea una ecuación a partir de las razones trigonométricas del ángulo agudo conocido.

b) Se conocen dos lados.

En este caso se utiliza el teorema de Pitágoras para determinar el tercer lado y las funciones trigonométricas inversas para conocer los ángulos agudos.

OBSERVACIÓN 2.1:

1. Se llama ángulo de elevación al ángulo formado por la línea de horizonte u horizontal de referencia y la línea visual cuando el objeto observado se encuentra elevado sobre la linea horizontal de referencia.

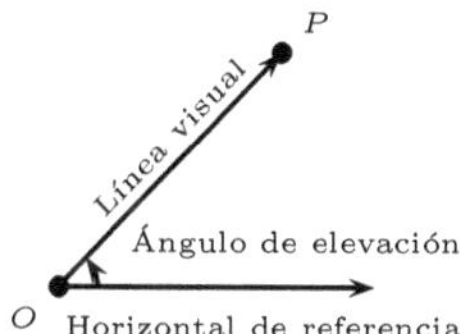

2. Al ángulo formado por la línea horizontal de referencia y la línea visual cuando el objeto observado esta debajo de la horizontal de referencia, se le denomina ángulo de depresión.

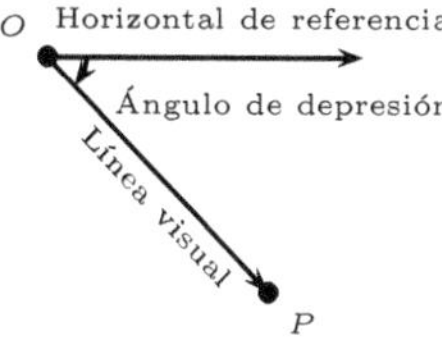

Ejemplo 2.6 Desde el borde de un acantilado de $126m$ de altura, el ángulo de depresión de un yate es $20,7^o$. ¿A qué distancia del pie del acantilado está dicho bote?.

Solución:

Lo primero que se recomienda al resolver triángulos es representar el planteamiendo mediante una gráfica que organice la información dada.

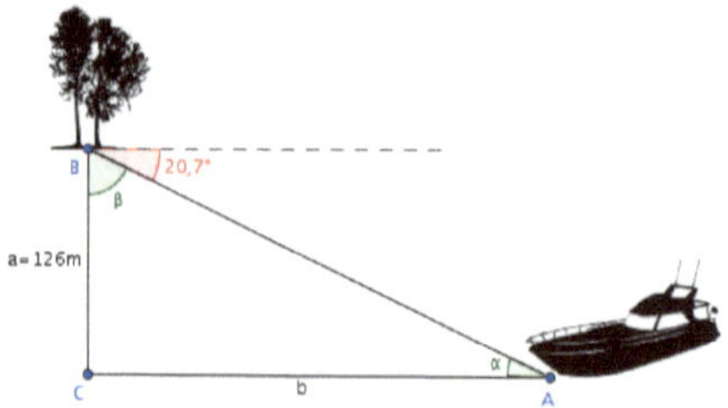

Figura 2.12: Ejemplo ángulo de depresión

Debido a que la línea horizontal de referencia desde el acantilado y el segmendo b son paralelas y la línea visual es una transversal que hace que el ángulo de depresión desde el acantilado y el ángulo de elevación desde el yate sean alternos internos entre paralelas (ver observación 1.2) se tiene que $\alpha = 20{,}7^o$. Así, utilizando una razón trigonométrica de α que relacione los dos catetos del triángulo se tiene que:

$$\begin{aligned} \tan \alpha &= \frac{126}{b}, \text{ luego} \\ b &= \frac{126}{\tan \alpha}, \text{ con } \alpha = 20{,}7^o \\ b &\approx 333{,}45m. \end{aligned}$$

Ejemplo 2.7 Al observar desde el último piso de un edificio de $60ft$ de altura, el ángulo de elevación del extremo superior de una réplica de la Torre CN de Toronto (Canadá), es 14°. Desde la base del edificio, el ángulo de elevación del extremo de la torre es 28°. Determine *(a)* la altura de la réplica de la Torre CN y *(b)* la distancia del edificio a la torre.

Solución:

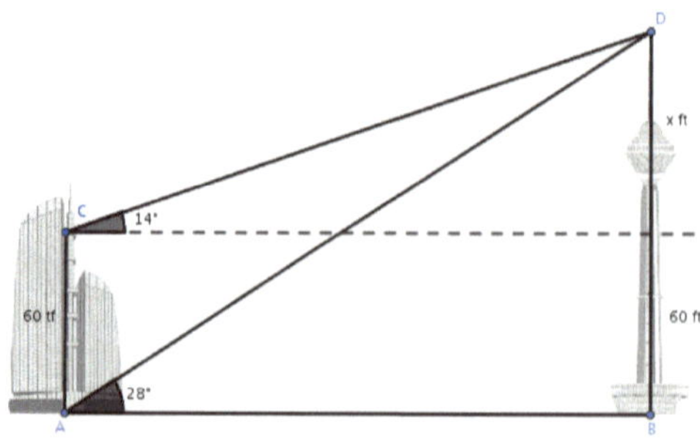

Figura 2.13: Ejemplo ángulo de elevación

De la gráfica, se tienen dos triángulos rectángulos, en la parte superior un triángulo rectángulo con catetos el segmento horizontal $\overline{AB}$ y el segmento x, en la parte inferior, un triángulo rectángulo con catetos la distancia horizontal entre los edificios $\overline{AB}$ y la altura del primer edificio $60ft$, así se tiene que:

$$\tan 14^o = \frac{x}{\overline{AB}}, \text{ entonces} \qquad \tan 28^o = \frac{60+x}{\overline{AB}}, \text{ así}$$
$$\overline{AB} = \frac{x}{\tan 14^o}. \text{ y} \qquad \overline{AB} = \frac{60+x}{\tan 29^o}.$$

Dado que el segmento $\overline{AB}$ es el mismo en los dos triángulos, se tiene

$$\frac{x}{\tan 14^o} = \frac{60+x}{\tan 28^o}$$

luego

$$\begin{aligned} x &= \frac{60\tan 14^o}{\tan 28^o - \tan 14^o} \\ &\approx 53ft. \end{aligned}$$

Con lo cual la altura de la torre es de aproximadamente $113ft$ y la distancia entre el edificio y la torre es aproximadamente $213ft$.

Ejemplo 2.8 Desde lo alto del hotel Burj Al Arab en Dubai, a $689ft$ sobre el nivel del agua, el ángulo de depresión de un bote que está al sur es $18^o50'$. Calcular la velocidad del bote si después de moverse hacia el oeste durante $2min$, el ángulo de depresión es $14^o20'$.

Solución:

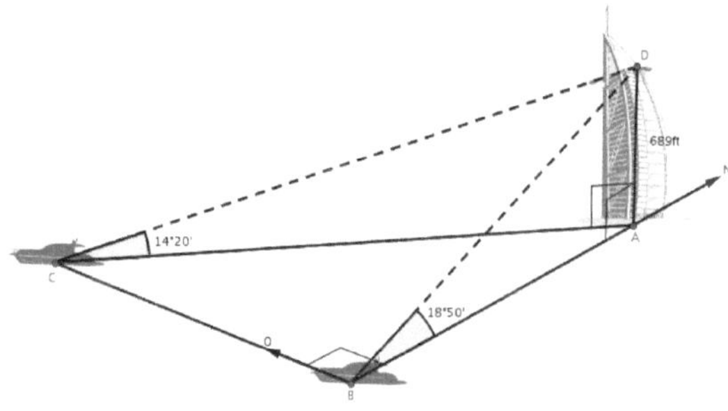

Figura 2.14: Ejemplo orientación

Se forman tres triángulos rectángulos, $\triangle ABC$; $\triangle ACD$ y $\triangle\ ABD$. Del $\triangle ABD$ se tiene

$$\begin{aligned}\tan 18{,}83^o &= \frac{689}{\overline{AB}}, \text{ entonces}\\ \overline{AB} &= \frac{689}{\tan 18{,}83^o}\\ &\approx 2020{,}24ft.\end{aligned}$$

Ahora, del $\triangle ACD$

$$\begin{aligned}\tan 14{,}33^o &= \frac{689}{\overline{AC}}, \text{ así}\\ \overline{AC} &= \frac{689}{\tan 14{,}33^o}\\ &\approx 2697{,}15ft.\end{aligned}$$

Con lo anterior se conocen, un cateto y la hipotenusa del $\triangle ABC$ del cual, el elemento de interés es el otro cateto; aplicanto el teorema de Pitágoras se llega a

$$\begin{aligned}\overline{BC} &= \sqrt{2697{,}15^2 - 2020{,}46^2}\\ &\approx 1786{,}71ft,\end{aligned}$$

con lo cual la velocidad del bote es aproximadamente

$$V \approx 893{,}36\frac{ft}{min}.$$

OBSERVACIÓN 2.2:

1. Se llama *curso o dirección* al ángulo agudo que se forma con la línea Norte - Sur. Este ángulo se lee siempre positivo y con respecto a la línea Norte - Sur, su magnitud generalmente esta dada en GMS.

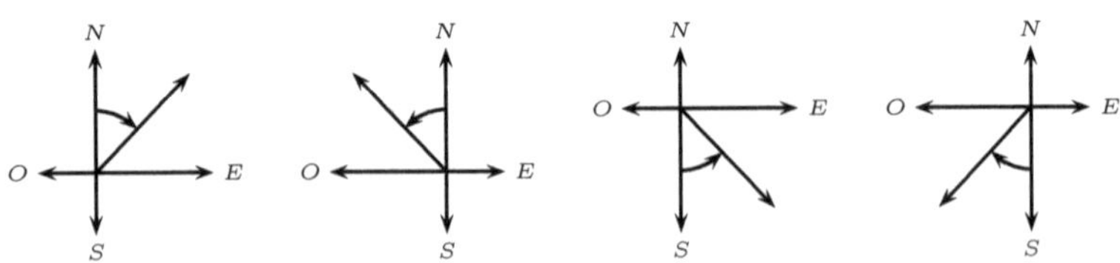

2. En la navegación aérea el *curso o dirección* corresponde al ángulo medido siempre con respecto a la línea Norte, en sentido horario, aunque se lee siempre positivo.

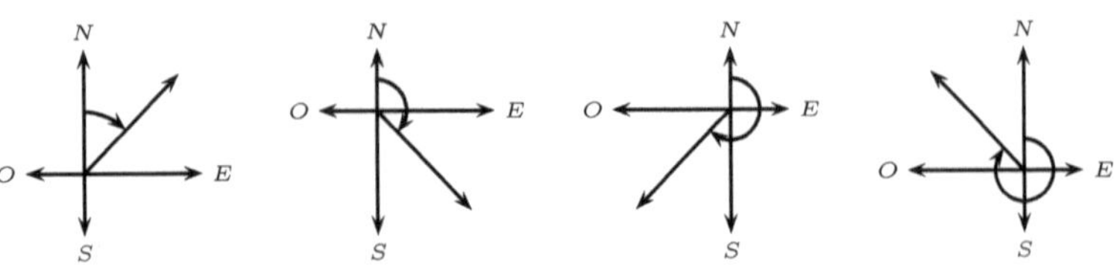

Ejercicios 2

1. Dado que β es un ángulo en posición normal y su lado final pasa por el punto P, determine los valores de las seis funciones trigonométricas de β para los P dados.

   a) $P(-4,0)$
   b) $P\left(1,-\sqrt{3}\right)$
   c) $P(0,2)$
   d) $P(-3,-5)$
   e) $P(2,3)$
   f) $P(7,-24)$

2. Determine el cuadrante al que pertenece al ángulo y especifique los signos de las seis funciones trigonométricas de dicho ángulo.

   a) -1000°
   b) 750°
   c) $\frac{7\pi}{2}$
   d) $-\frac{4\pi}{3}$
   e) 212°
   f) $\frac{7\pi}{6}$
   g) 385°
   h) -955°
   i) -150°
   j) $-\frac{17\pi}{6}$
   k) $-\frac{10\pi}{3}$
   l) 0

3. Encuentre los valores exactos de las funciones trigonométricas de α

   a) $\cos\alpha = -\frac{1}{2}$ y $\tan\alpha > 0$
   b) $\sec\alpha = \sqrt{2}$ y $\cot\alpha < 0$
   c) $\tan\alpha = -\frac{8}{15}$ y $\sec\alpha < 0$
   d) $\cot\alpha = \frac{4}{3}$ y $\csc\alpha < 0$
   e) $\sin\alpha = -\frac{12}{13}$ y $\cos\alpha > 0$
   f) $\cos\alpha = \frac{3}{5}$ y $\sin\alpha > 0$

4. Determine el valor exacto de las siguientes expresiones

   a) $\sin\left(\frac{\pi}{3}\right) + 2\cos\left(\frac{\pi}{6}\right) - \cos\left(\frac{\pi}{3}\right) + \frac{1}{2}$
   b) $\dfrac{\tan\left(\frac{\pi}{4}\right) + \cot\left(\frac{\pi}{4}\right)}{\sec\left(\frac{\pi}{3}\right) + \csc\left(\frac{\pi}{6}\right)}$
   c) $\left(-3\sec\left(\frac{\pi}{6}\right) + \tan\left(\frac{\pi}{3}\right)\right)^2$
   d) $\dfrac{\sin\left(\frac{\pi}{4}\right)\cos\left(\frac{\pi}{4}\right) - 2\cot\left(\frac{\pi}{4}\right)}{\csc\left(\frac{\pi}{6}\right)}$
   e) $\dfrac{\sin\left(\frac{\pi}{3}\right) - \cot\left(\frac{\pi}{3}\right)}{\csc\left(\frac{\pi}{3}\right)}$
   f) $\left(1 - \cos\left(\frac{\pi}{6}\right)\sec\left(\frac{\pi}{6}\right) - \cot\left(\frac{\pi}{6}\right)\right)^2$

5. En cierto motor de combustión interna, la distancia x (en metros) del centro de la biela a la cabeza del émbolo está dada por

$$x = \cos\theta + \sqrt{16 + \tfrac{\cos 2\theta}{2}},$$

donde θ es el ángulo entre el brazo del cigüeñal y la trayectoria de la cabeza del émbolo. Encuentre x cuando $\theta = \frac{\pi}{6}$ y $\theta = \frac{\pi}{4}$.

6. Demuestre que la pendiente de una recta esta dada por la ecuación

$$m = \tan\theta,$$

cuando θ es el ángulo que forma de recta con el eje horizontal en un sistema coordenado.

7. Los puntos A y B están en una misma recta horizontal con el pie de una colina, y los ángulos de depresión de estos puntos desde la cima son $30,2^o$ y $22{,}5^o$, respectivamente. Si la distancia entres A y B es $75m$. ¿cuál es la altura de la colina?.

8. Desde la cima de una montaña de $532m$ de altura con respecto a un río cercano, el ángulo de depresión de un punto P en la ribera más cercana del río es de $52{,}6^o$, y el ángulo de depresión de un punto Q directamente opuesto a P en la otra ribera, es de $34{,}5^o$. Los punto P y Q y el pie de la montaña están en una misma horizontal. Obtenga la distancia correspondiente a la anchura del río entre P y Q.

9. El punto T está en la cumbre de un monte. Desde un punto P del suelo, el ángulo de elevación de T es $16{,}3^o$. Desde el punto Q en la misma horizontal con P y el pie de la montaña, el ángulo de elevación de T es $28{,}7^o$. ¿Cuál es la altura de dicha montaña si la distancia entre P y Q es $125m$?.

10. Desde un punto de observación A, un guardia forestal descubre un incendio en dirección $S35^o50'O$. Desde otro punto B, a $8km$ directamente al oeste de A, otro guardia descubre el mismo incendio en dirección $S54^o10'E$. Determine, aproximadamente a qué distancia de A se encuentra el fuego.

11. Un puente levadizo tiene $150ft$ de longitud cuando está en posición normal sobre un río. Las dos secciones del puente pueden girar hacia arriba hasta un ángulo de 35°;

    a) Si el nivel del agua está $15ft$ por debajo del puente, calcule la distancia entre el extremo de una sección y el nivel del agua cuando el puente está completamente abierto.

    b) Determine la distancia de separación entre los extremos de las dos secciones cuando el puente está totalmente abierto.

12. En un juego de tiro al pato la figura del pato de mueve desde A hasta B con una velocidad de $10\frac{cm}{s}$. El tirador que se encuentra en un punto O a $50cm$ directamente frente del punto A y dispara balas que viajan a $20\frac{cm}{s}$ en cuanto ve el pato en A, ¿a qué ángulo debe orientar el disparo para darle al pato?.

13. Para techar una bodega cuyas dimensiones son $20ft \times 40ft \times 20ft$, se coloca una columna de soporte de $46ft$ de altura en el centro de la

bodega. Para apoyar el techo, una viga debe ir apoyada en la parte superior de la columna y de la pared ¿qué ángulo de elevación tendrá el techo? (existen dos soluciones).

14. Un aeroplano despega de una pista con rumbo 40°. Después de volar $800m$ el piloto gira 90° y se dirige hacia el sureste.

    a) ¿Cuál es su nuevo rumbo?.

    b) Después de volar $1{,}6km$ en esta dirección, ¿qué rumbo debe fijar la torre de control para localizar al aeroplano?.

15. El faro Gibb's Hill de Southampton en Bermuda tiene su haz girando a una altura de $362ft$ sobre el nivel del mar. Un folleto afirma que los barcos a $64{,}4km$ de distancia pueden ver su luz y que aviones que vuelan a $3000m$ la pueden ver desde una distancia de $193km$. Verifique que la información del folleto es cierta y deduzca que supone el folleto respecto de la altura del barco.

16. Una pared de $15ft$ de altura, está a $10ft$ de una casa. Encuentre la longitud de la escalera más corta que toque el borde superior de la pared y que alcance una ventana a $20{,}5ft$ del suelo.

17. Demuestre que el perímetro de un polígono regular de n lados inscrito en un círculo de radio r está dado por

$$P = 2nr\sin\left(\frac{\pi}{n}\right)$$

18. Demuestre que la base de un triángulo isósceles está dada por b siendo a la longitud de sus lados iguales y su ángulo en el vértice θ.

$$b = 2a\sin\left(\frac{\theta}{2}\right)$$

Capítulo 3

Triángulos Oblicuángulos

DEFINICIÓN 3.1 Si en un triángulo ninguno de sus ángulos internos es recto, el triángulo se define oblicuángulo.

Existen dos tipos de triángulos oblicuángulos

1. **Acutángulo:** si todos sus ángulos internos son agudos.

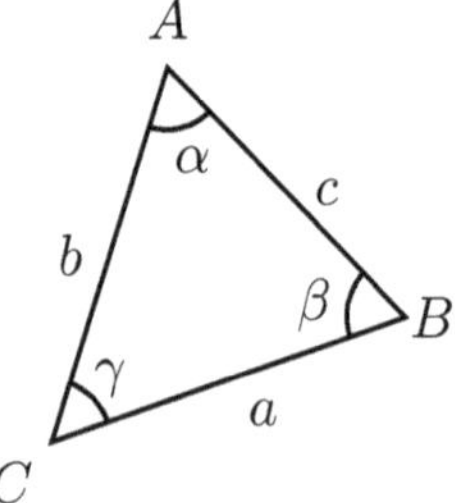

Figura 3.1: Triángulo Acutángulo.

2. **Obtusángulo:** si uno de sus ángulos internos es obtuso.

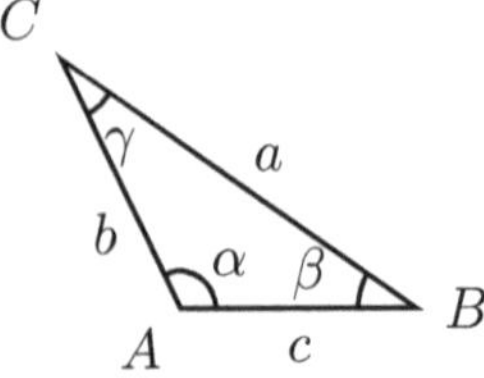

Figura 3.2: Triángulo Obtusángulo.

Teorema 5. *Teorema del Seno*

Si a, b, c y α, β, γ son los lados y los ángulos respectivamente opuestos de un triángulo, se cumple en cualquier caso que

$$\frac{\sin\alpha}{a} = \frac{\sin\beta}{b} = \frac{\sin\gamma}{c} \tag{3.1}$$

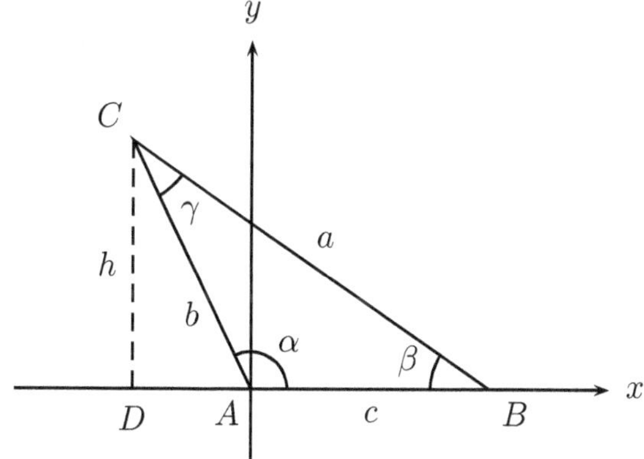

Figura 3.3: Demostración teorema del seno.

Demostración. En la Figura (3.3), de $\triangle ABC$

$$\sin\alpha = \frac{h}{b}, \text{ luego}$$
$$h = b\sin\alpha.$$

Ahora, de $\triangle DBC$, triángulo rectángulo

$$\sin\beta = \frac{h}{a}, \text{ con lo cual}$$
$$h = a\sin\beta.$$

Como el segmento h es el mismo en los dos triángulos, entonces se tiene que

$$b\sin\alpha = a\sin\beta,$$

de donde, al dividir entre ab

$$\frac{\sin\alpha}{a} = \frac{\sin\beta}{b}.$$

Similar razonamiento puede aplicarse para la razón $\frac{\sin\gamma}{c}$. □

Teorema 6. *Teorema del Coseno*

Si a, b, c *y* α, β, γ *son los lados y los ángulos respectivamente opuestos de un triángulo, se cumple en cualquier caso que*

$$a^2 = b^2 + c^2 - 2bc\cos\alpha \tag{3.2}$$

$$b^2 = a^2 + c^2 - 2ac\cos\beta \tag{3.3}$$

$$c^2 = a^2 + b^2 - 2ab\cos\gamma \tag{3.4}$$

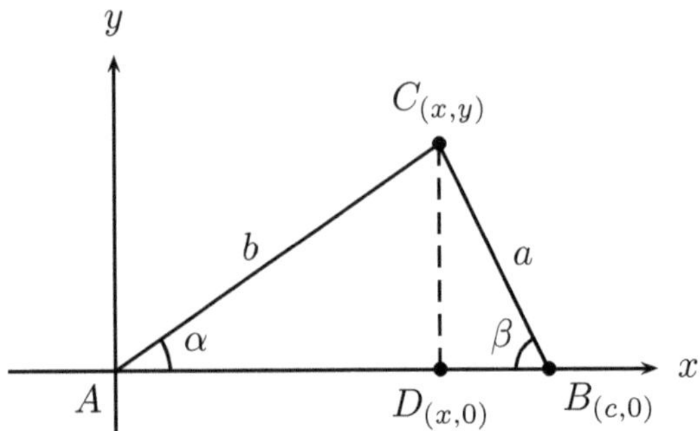

Figura 3.4: Demostración teorema del coseno.

Demostración. En la figura (3.4), de $\triangle ADC$

$$\cos\alpha = \frac{x}{b} \qquad \sin\alpha = \frac{y}{b}$$

$$x = b\cos\alpha \qquad y = b\sin\alpha.$$

Aplicando la ecuación de la distancia para determinar la longitud del lado a de $\triangle ABC$, se tiene

$$\begin{aligned} a^2 &= (x-c)^2 + y^2 \\ &= x^2 - 2cx + c^2 + y^2 \end{aligned}$$

Sustituyendo x y y en el resultado anterior se llega a[1]

$$\begin{aligned} a^2 &= b^2\cos^2\alpha - 2bc\cos\alpha + c^2 + b^2\sin^2\alpha \\ &= b^2\left(\cos^2\alpha + \sin^2\alpha\right) + c^2 - 2bc\cos\alpha \\ a^2 &= b^2 + c^2 - 2bc\cos\alpha. \end{aligned}$$

Razonamiento similar puede ser utilizado para demostrar las relaciones (3.3) y (3.4). □

[1]En el capítulo 5 se demostrará que $\cos^2\alpha + \sin^2\alpha = 1$.

3.1. Resolución de triángulos oblicuángulos

La resolución de triángulos oblicuángulos puede clasificarse en cuatro casos

[C1] **Lado Ángulo Ángulo o Ángulo Lado Ángulo**

Se conoce un lado y dos ángulos, uno opuesto al lado conocido, o se conocen dos ángulos y el lado entre ellos.

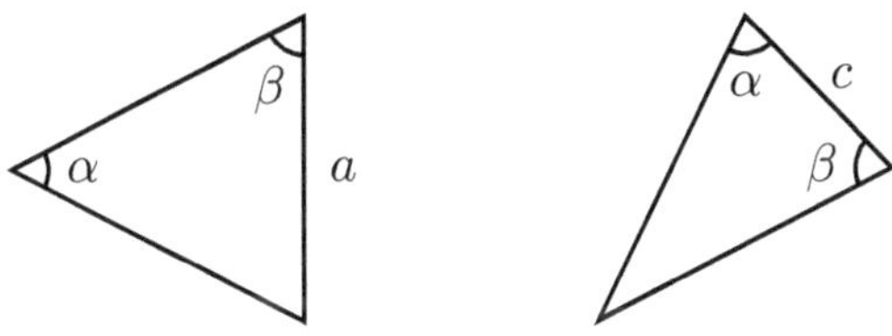

Figura 3.5: Caso LAA o ALA.

[C2] **Lado Lado Ángulo: "caso ambigüo"**

Se conocen dos lados y un ángulo opuesto a uno de ellos. En este caso, no siempre podrá conformarse un triángulo con los datos suministrados, depende de la longitud del lado opuesto al ángulo dado.

Si se ubica el ángulo α conocido en posición normal en un plano coordenado y se construye su lado final con la longitud de b, uno de los lados dados, el otro lado conocido corresponderá al lado opuesto a α, puede entonces compararse la longitud de a, el otro lado conocido, con $b\sin\alpha$

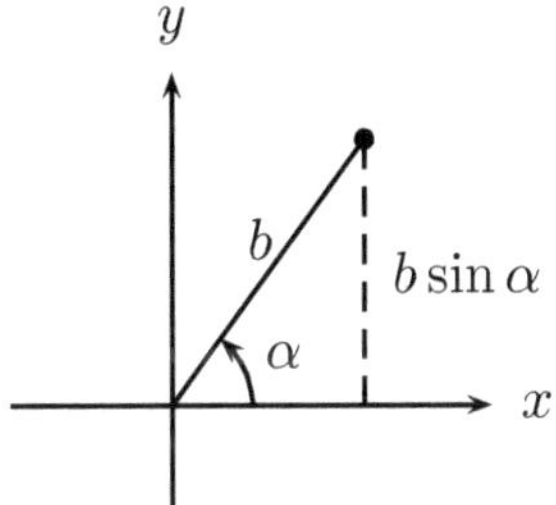

Figura 3.6: Caso ambigüo.

con lo cual se tiene uno de los siguientes casos

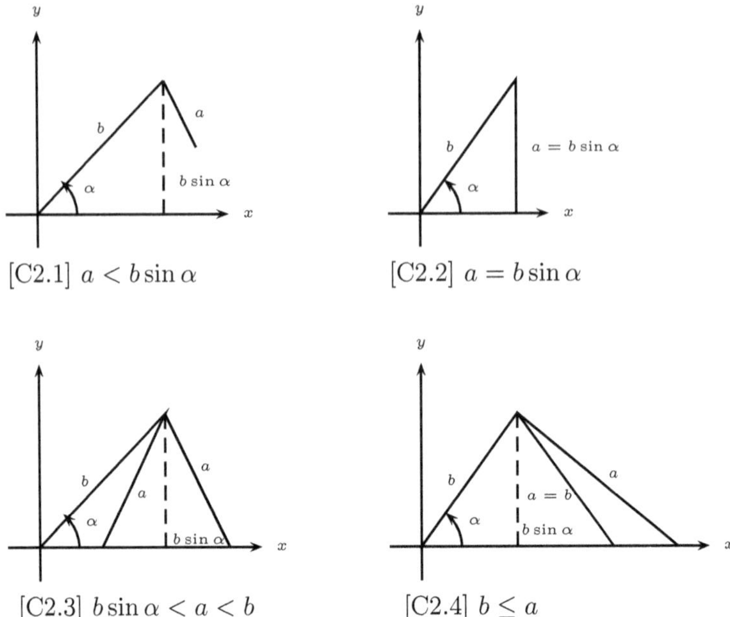

Figura 3.7: Caso ambigüo.

puede tenerse entonces: ningún triángulo si $a < b\sin\alpha$, un triángulo rectángulo si $a = b\sin\alpha$, un triángulo con ángulo obtuso β o un triángulo acutángulo si $b\sin\alpha < a < b$, o finalmenten si $b \leq a$ puede formarse uno de dos triángulos, uno isosceles si $a = b$ o un triángulo obtusángulo[2] con ángulo obtuso γ si $b < a$.[3]

En cualquiera de los casos [C1] y [C2] se conoce una *pareja completa*[4], para resolver alguno de estos casos se aplica el teorema del seno expresado en la ecuación (3.1) que despeja directamente la magnitud de los ángulos, sin embargo también puede escribirse recíprocamente

$$\frac{a}{\sin\alpha} = \frac{b}{\sin\beta} = \frac{c}{\sin\gamma}$$

si lo que se requiere es la longitud de los lados.

[C3] **Lado Ángulo Lado**

Son conocidos la longitud de dos lados y el ángulo entre éstos.

[2]Recuerde que en un triángulo obtusángulo, el ángulo obtuso siembre es el ángulo opuesto al lado de mayor longitud.

[3]Recuerde que la notación de un triángulo se desarrolla con los vértices las letras A, B y C, los lados a, b y c respectivamente opuestos a cada vértice y los ángulos α, β y γ correspondientes a cada vértice como muestran las figuras 3.1 y 3.2.

[4]Se llama pareja completa a la pareja de un ángulo y su lado opuesto, en el caso ALA puede completarse la pareja haciendo $\gamma = \pi - (\alpha + \beta)$.

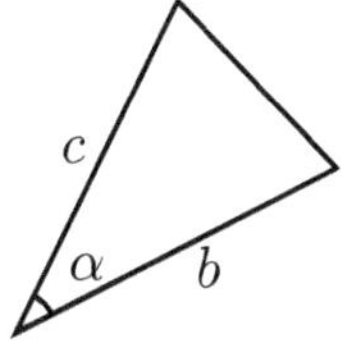

Figura 3.8: Caso LAL.

[C4] **Lado Lado Lado**

Se tiene la longitud de los tres lados del triángulo.

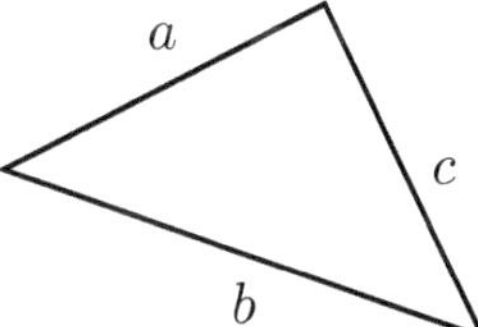

Figura 3.9: Caso LLL.

Para resolver los casos [C3] y [C4] se aplica el teorema del coseno que de manera análoga al teorema del seno puede escribirse como

$$\begin{aligned}\cos\alpha &= \frac{b^2+c^2-a^2}{2bc}\\ \cos\beta &= \frac{a^2+c^2-b^2}{2ac}\\ \cos\gamma &= \frac{a^2+b^2-c^2}{2ab}\end{aligned}$$

para despejar de manera directa la magnitud de los ángulos.

Ejemplo 3.1 Un helicóptero se halla suspendido a una altura de $305m$ sobre un edificio de $92m$ de altura. Desde la terraza y desde el helicóptero puede verse la parte más alta de otro edificio. Desde el helicóptero, el ángulo de depresión es de 43° y desde la terraza del primer edificio, el ángulo de elevación es de 18°. Determine la altura del segundo edificio y la separación horizontal entre los dos edificios.

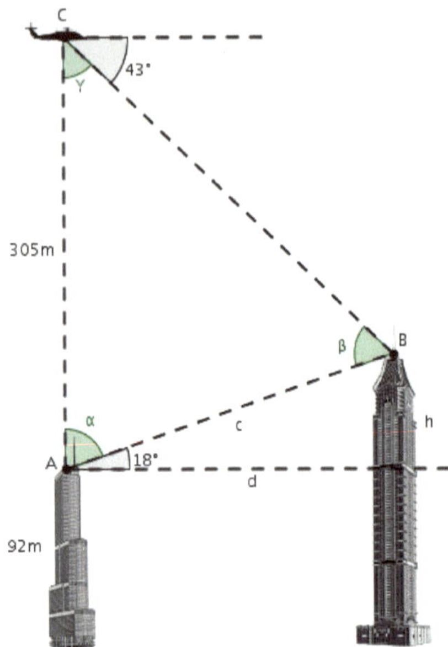

Figura 3.10: Ejemplo teorema del seno.

Solución:

Los ángulos α y γ son complementarios con el ángulo de 18° y el de 43° respectivamente, luego

$$\alpha = 90^o - 18^o = 72^o \qquad \gamma = 90^o - 43^o = 47^o$$

entonces

$$\begin{aligned}\beta &= 180^o - (\alpha + \gamma)\\ &= 61^o\end{aligned}$$

La longitud del segmento c de $\triangle ABC$

$$\begin{aligned}\frac{c}{\sin 47^o} &= \frac{305}{\sin 61^o}\\ c &= \frac{305 \sin 47^o}{\sin 61^o}\\ &\approx 255m\end{aligned}$$

La altura del segundo edificio corresponde a $92m + h$

$$\begin{aligned}\sin 18^o &= \frac{h}{255}\\ h &\approx 79m\end{aligned}$$

luego la altura total del segundo edificio es aproximadamente $171m$, ahora la distancia horizontal entre los dos edificios d es,

$$\begin{aligned}\cos 18^o &= \frac{d}{255}\\ d &\approx 243m\end{aligned}$$

Ejemplo 3.2 En un sistema manivela - biela - pistón, la manivela tiene $7{,}62cm$ de longitud y la biela $22{,}86cm$. Cuando el ángulo con vértice en el pistón y extremos en el extremo de la manivela A y el centro del cigüeñal O es de 15°, ¿Qué tan lejos está el pistón del centro del cigüeñal O?.

Solución:

De la información dada se deduce que corresponde al caso ambigüo [C2] por lo tanto lo primero es hacer la comparación de los datos con el correspondiente $b\sin\alpha$.

$$\begin{aligned}b\sin\alpha &= 22{,}86\sin 15^o\\ &\approx 5{,}92\end{aligned}$$

Con lo cual se tiene el caso [C2.3] y por tanto existen dos posibles soluciones.

Aplicando el teorema del seno

$$\begin{aligned}\frac{\sin\Omega}{22{,}86} &= \frac{\sin 15^o}{7{,}62}\\ \sin\Omega &= \frac{22{,}86\sin 15^o}{7{,}62}\\ &\approx 0{,}776457\end{aligned}$$

De donde se deduce, por ángulos de referencia, que existen dos ángulos que satisfacen $\sin\Omega \approx 0{,}776457$

$$\Omega_1 \approx 51^o \qquad \Omega_2 \approx 129^o$$

Con $\Omega_1 \approx 51^o$

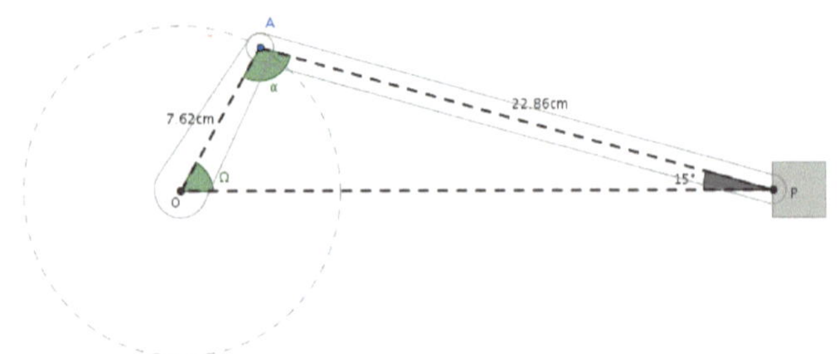

Figura 3.11: Ejemplo caso ambigüo (a)

la magnitud de α queda determinada por

$$\begin{aligned}\alpha &= 180^o - (51^o + 15^o)\\ &= 114^o\end{aligned}$$

con lo que la magnitud de $\overline{OP}$, utilizando nuevamente el teorema del seno, es

$$\begin{aligned}\frac{\overline{OP}}{\sin 114^o} &= \frac{7{,}62}{\sin 15^o}\\ \overline{OP} &= \frac{7{,}62 \sin 114^o}{\sin 15^o}\\ &\approx 27cm.\end{aligned}$$

Ahora con $\Omega_2 \approx 129^o$

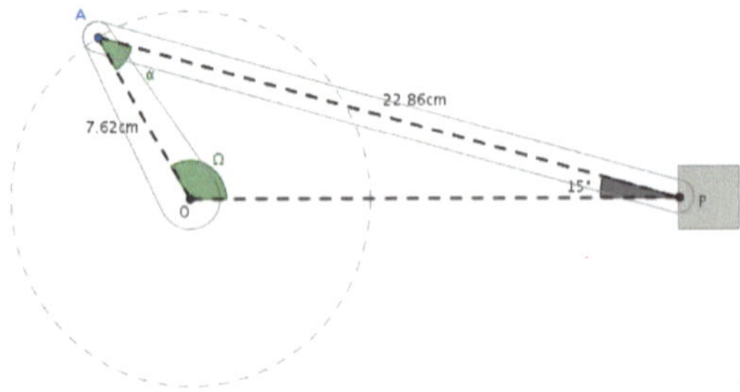

Figura 3.12: Ejemplo caso ambigüo (b)

$$\begin{aligned} \alpha &= 180^o - (129^o + 15^o) \\ &= 36^o \end{aligned}$$

luego

$$\begin{aligned} \frac{\overline{OP}}{\sin 36^o} &= \frac{7{,}62}{\sin 15^o} \\ \overline{OP} &= \frac{7{,}62 \sin 36^o}{\sin 15^o} \\ &\approx 17cm \end{aligned}$$

es la distancia del pistón al centro del cigüeñal.

Ejemplo 3.3 Al intentar volar de la ciudad A a la ciudad B, una distancia de $330mi$, un piloto tomó un curso equivocado en 10°. Si el avión mantiene una velocidad promedio de $220\frac{mi}{h}$ y el error en la dirección se descubre después de $15min$, ¿qué ángulo debe girar el piloto para dirigirse a la ciudad B y cuál debe ser su velocidad para que el vuelo total tarde $90min$?.

Solución:

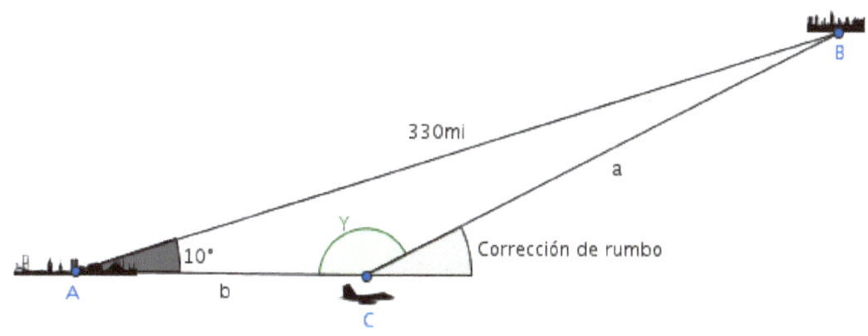

Figura 3.13: Ejemplo teorema del coseno

Lo primero es determinar que distancia recorrió el avión, para ello se sabe que la velocidad está dada por la ecuación $V = \frac{b}{t}$, con b la distancia recorrida, despejando b se tiene que $b = Vt$, con $V = 220\frac{mi}{h}$ y $t = 15min$

$$b = 55mi$$

Ahora, aplicando el teorema del coseno

$$\begin{aligned} a &= \sqrt{330^2 + 55^2 - 2 \times 330 \times 55 \cos 10^o} \\ &\approx 276millas \end{aligned}$$

con lo cual puede calcularse γ

$$\begin{aligned} \cos\gamma &= \frac{276^2 + 55^2 - 330^2}{2 \times 276 \times 55} \\ \gamma &= \arccos(-0{,}978228) \\ \gamma &\approx 168^o \end{aligned}$$

el ángulo con el que el piloto debe corregir el rumbo es el ángulo suplementario de γ

$$\gamma_s = 12^o$$

finalmente, la distancia total a recorrer será de $331mi$, con lo que la velocidad que debe mantener para que el vuelo tenga una duración de $90min$ es de $V \approx 220{,}67\frac{mi}{h}$.

3.2. Área de triángulos

Existen tres teoremas que definen el área[5] de un triángulo.

Teorema 7. *Dado un triángulo de base b y altura correspondiente h, el área A esta dada por*

$$A_\triangle = \tfrac{1}{2}bh. \tag{3.5}$$

Demostración. Es suficiente con ver que una región triángular puede considerarse como la mitad de una región en forma de paralelogramo, por tanto la ecuación que define el área de un triángulo se deduce de la ecuación del área de un paralelogramo. Las siguientes dos gráficas muestran esto.

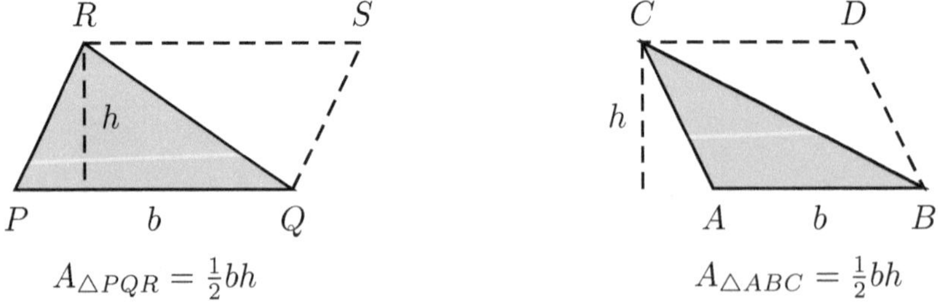

Figura 3.14: Área de un triángulo, forma geométrica

□

Ejemplo 3.4: Demostrar que el área de la región sombreada es la mitad del área del paralelogramo.

[5]Wikipedia; área es una medida de la extensión de una superficie.

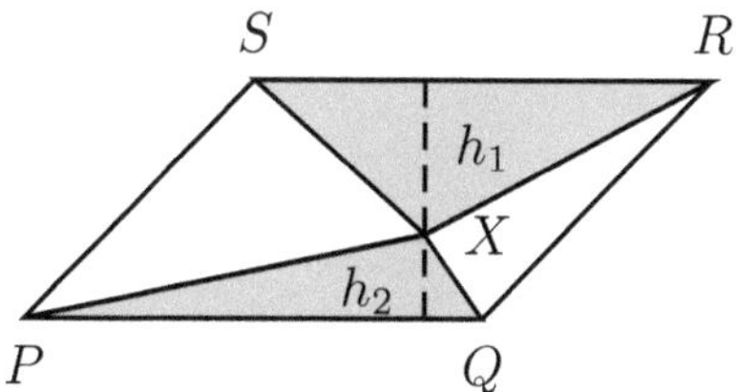

Figura 3.15: Área de un triángulo, forma geométrica

Solución:
El área total del paralelogramo $\square PQRS$ esta dada por

$$A_{\square PQRS} = \overline{PQ}(h_1 + h_2).$$

Ahora, el área de cada uno de los triángulos sombreados es

$$A_{\triangle PQX} = \frac{\overline{PQ}h_2}{2} \qquad A_{\triangle SRX} = \frac{\overline{SR}h_1}{2}.$$

Dado que se trata de un paralelogramo, puede afirmarse que $\overline{PQ} \cong \overline{SR}$, luego

$$\begin{aligned} A_{\triangle PQX} + A_{\triangle SRX} &= \frac{\overline{PQ}h_2}{2} + \frac{\overline{PQ}h_1}{2} \\ &= \frac{\overline{PQ}(h_1 + h_2)}{2}. \end{aligned}$$

que corresponde a la mitad del área de $\square PQRS$.

Teorema 8. *Si se conocen las longitudes de dos de los lados de un triángulo, y el ángulo comprendido entre ellos*

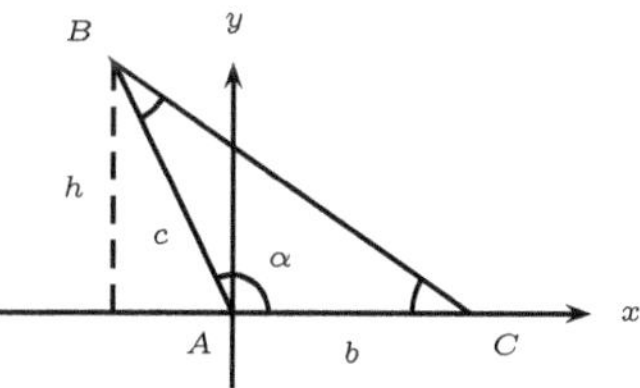

Figura 3.16: Área de un triángulo, forma trigonométrica.

el área del triángulo queda definida por:

$$A_{\triangle} = \tfrac{1}{2}bc\sin\alpha. \tag{3.6}$$

Demostración. Del **Teorema 7**,

$$A_{\triangle} = \tfrac{1}{2}bh$$

observando la Figura (3.16)

$$h = c\sin\alpha$$

sustituyendo h en (3.5)

$$A_{\triangle} = \tfrac{1}{2}bc\sin\alpha.$$

□

Ejemplo 3.5 Determine el volumen del prisma

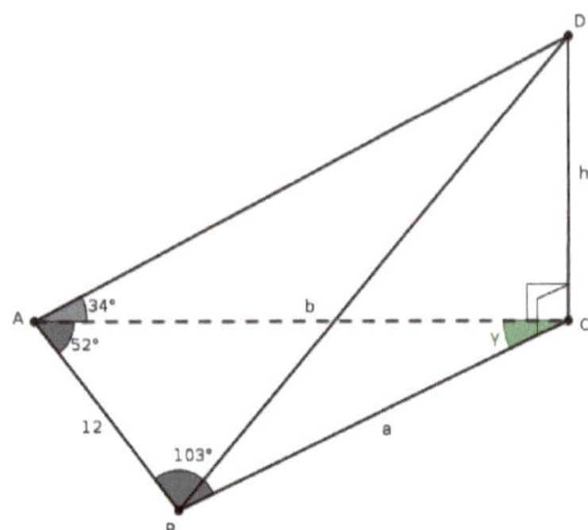

Figura 3.17: Ejemplo área de un triángulo, forma trigonométrica

Solución: Lo primero es recordar que el volumen del prisma se expresa $v = A_b h$ con A_b el área de la base y h la altura del prisma, con esto, se sabe que hay que determinar estas dos magnitudes para poder encontrar el volumen del prisma.

Para determinar al área de la base del prisma, $\triangle ABC$, se tienen conocidos α y β por lo tanto $\gamma = 25^o$, utilizando el teorema del seno

$$\begin{aligned}\frac{a}{\sin 52^o} &= \frac{12}{\sin 25^o}\\ a &= \frac{12\sin 52^o}{\sin 25^o}\\ a &\approx 22{,}3751\end{aligned}$$

con lo cual, el área de la base del prisma es

$$\begin{aligned}A_b &= \frac{22{,}3751 \times 12\sin 103^o}{2}\\ &\approx 130{,}81u^2.\end{aligned}$$

Ahora, para encontrar la altura del prisma, primero se determina la longitud de b

$$\begin{aligned}\frac{b}{\sin 103^o} &= \frac{12}{\sin 25^o}\\ b &\approx 27{,}6667u.\end{aligned}$$

luego la altura h, del prisma queda definida por

$$\tan 34^o = \frac{h}{27{,}6667}$$
$$h \approx 18{,}6614u.$$

finalmente, el volumen v del prisma

$$v \approx 130{,}81u^2 \times 18{,}6612u$$
$$\approx 2441{,}09u^3.$$

Teorema 9. *El área de un triángulo cuyos lados a, b y c son conocidos, esta dada por la llamada fórmula de Herón de Alejandría.*

$$A_\triangle = \sqrt{s(s-a)(s-b)(s-c)} \tag{3.7}$$

donde $s = \frac{a+b+c}{2}$.

Herón de Alejandría cuya principal obra es su libro *Métrica*. Fue un matemá- tico que vivio alrrededor del 75 d.C. y quien despertó un gran debate dentro de los matemáticos griegos con su fórmula para el cálculo del área del un triángulo ya que los matemáticos griegos conocian el área como un doble producto y el volumen como un triple producto, sin embargo un producto de cuatro factores para el cálculo de un área parecia ser algo ambigüo, sin embargo esto queda fácilmente explicado por la obtención de la raíz cuadrada de dicho producto.

Demostración. Del Teorema 8 $A_\triangle = \frac{1}{2}bc\sin\alpha$, lo que puede escribirse como[6]:

$$\begin{aligned} A_\triangle &= \sqrt{\tfrac{1}{4}b^2c^2\sin^2\alpha} \\ &= \sqrt{\tfrac{1}{4}b^2c^2\left(1-\cos^2\alpha\right)} \\ &= \sqrt{\tfrac{1}{2}bc(1+\cos\alpha)\tfrac{1}{2}bc(1-\cos\alpha)}. \end{aligned} \tag{i}$$

Ahora, dado que la formula de Herón esta expresada en función de los lados del triángulo los factores $(1+\cos\alpha)$ y $(1-\cos\alpha)$ deben quedar expresados en términos de los lados del triángulo, utilizando el teorema del coseno se tiene

$$\begin{aligned} \tfrac{1}{2}bc(1+\cos\alpha) &= \tfrac{1}{2}bc\left(1+\frac{b^2+c^2-a^2}{2bc}\right) \\ &= \tfrac{1}{2}bc\left(\frac{b^2+2bc+c^2-a^2}{2bc}\right) \\ &= \frac{(b+c)^2-a^2}{4} \end{aligned}$$

[6]En el capítulo 5 se demostrará que $1-\cos^2\alpha = \sin^2\alpha$

que por ser una diferencia de cuadrados puede escribirse como

$$\tfrac{1}{2}bc(1+\cos\alpha) = \frac{(b+c)+a}{2}\cdot\frac{(b+c)-a}{2}, \tag{ii}$$

bajo el mismo procedimiento se demuestra que

$$\tfrac{1}{2}bc(1-\cos\alpha) = \frac{a-(b+c)}{2}\cdot\frac{a+(b-c)}{2}, \tag{iii}$$

Sustituyendo (ii) y (iii) respectivamente en (i) se obtiene

$$A_{\triangle} = \sqrt{\frac{(b+c)+a}{2}\cdot\frac{(b+c)-a}{2}\cdot\frac{a-(b-c)}{2}\cdot\frac{a+(b-c)}{2}} \tag{iv}$$

ahora, haciendo

$$s = \frac{a+b+c}{2}$$

se consigue

$$s-a = \frac{b+c-a}{2}, \qquad s-b = \frac{a-b+c}{2}, \qquad s-c = \frac{a+b-c}{2},$$

así, se simplifica la escritura de (iv) para finalmente tener

$$A_{\triangle} = \sqrt{s(s-a)(s-b)(s-c)}.$$

□

Ejemplo 3.6 Calcular el ángulo ϕ, área de un ala del avión y teniendo en cuenta que el fuselaje mide 5,8ft determinar la envergadura del avión (extensión de un extremo a otro de las alas).

Solución: Para empezar, se trazó una prolongación de los lados $\overline{QA}$ y $\overline{PB}$ del ala del avión, para construir $\triangle PQR$ y determinar el área del ala con la diferencia $A_{\triangle PQR} - A_{\triangle ABR}$.

Para establecer la envergadura del avión es necesario conocer la distancia h (perpendicular al fuselaje) desde el extremo de una de las alas

$$\sin 44^o = \frac{h}{22{,}9}$$
$$h \approx 15{,}9077ft$$

con esto puede determinarse la magnitud de ϕ

$$\phi = \sin^{-1}\left(\frac{15{,}9077}{16}\right)$$
$$\approx 83{,}842^o,$$

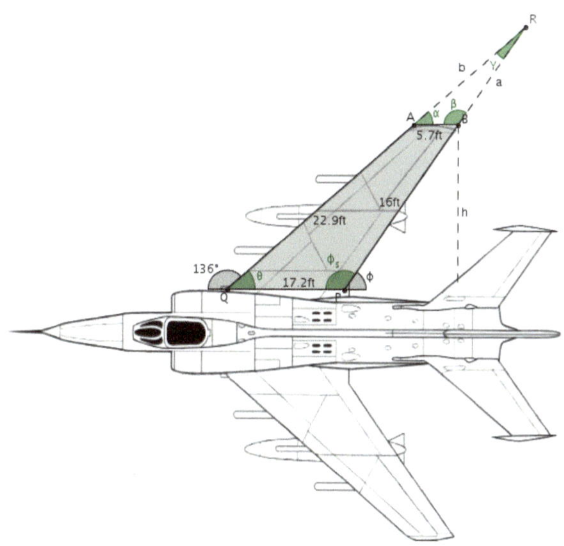

Figura 3.18: Ejemplo área de un triángulo, fórmula de Herón.

con lo que ϕ_s, el suplementario de ϕ e interno en el ala, tiene una magnitud de $\phi_s \approx 96{,}158^o$ y $\gamma \approx 39{,}842^o$. En $\triangle ABR$, ya que el lado $\overline{AB}$ es paralelo a $\overline{PQ}$ se cumple que $\alpha \cong \theta$ y $\phi_s \cong \beta$ con esto se determina la longitud de los segmentos

$$\overline{BR} = \frac{5{,}7 \sin 44^o}{\sin 39{,}842^o} \approx 6{,}18031 ft \qquad \overline{AR} = \frac{5{,}7 \sin 96{,}158}{\sin 39{,}842} \approx 8{,}84557 ft$$

sumando estos resultados a las longitudes correspondientes de los lados $\overline{QA}$ y $\overline{PB}$ se tiene la longitud de los lados $\overline{QR}$ y $\overline{PR}$, con lo cual, el Área total $A_{\triangle PQR}$ es

$$A_{\triangle PQR} = \sqrt{s(s - 31{,}7456)(s - 17{,}2)(s - 22{,}1803)} \approx 180{,}738 ft^2$$

donde $s = \frac{31{,}7456+17{,}2+22{,}1803}{2}$, y el área de $\triangle ABR$ es

$$A_{\triangle ABR} = \sqrt{s(s - 5{,}7)(s - 6{,}18031)(s - 8{,}84557)} \approx 17{,}5122 ft^2$$

con $s = \frac{5{,}7+6{,}18031+8{,}84557}{2}$, por tanto el área de un ala del avión es aproximadamente $163{,}226 ft^2$ y dado que el fuselaje mide en su ancho $5{,}8 ft$ junto con la longitud h ya calculada, la envergadura del avión es de aproximadamente $37{,}6154ft$.

Ejercicios 3

1. Resuelva el triángulo o los triángulos si se trata de un caso ambigüo; encuentre sus respectivas áreas.

   a) $a = 9{,}5,\ \alpha = 135^o,\ \beta = 30^o$

   b) $c = 88,\ \alpha = 30^o,\ \gamma = 120^o$

   c) $\beta = 101^o6',\ \gamma = 23^o24',\ c = 0{,}0149$

   d) $\alpha = 52^o42',\ \beta = 75^o36', b = 408$

   e) $b = 5649,\ a = 6382,\ \beta = 59{,}43^o$

   f) $b = 3{,}562,\ c = 4{,}210,\ \beta = 50{,}23^o$

   g) $a = 1{,}4,\ b = 2{,}1,\ \gamma = 120^o$

   h) $a = 15,\ c = 22,\ \beta = 135^o$

2. Un avión sale de un aeropuerto con un curso de 310°. Después de volar $150mi$, se hace necesario que regrese al aeródromo. Debido a un error de navegación, el avión vuela $150mi$ con un curso de 115°. Determine, después de recorrer las $300mi$ (de ida y regreso)

   a) ¿A qué distancia estará del aeropuerto?

   b) ¿Cuál es la orientación del avión con relación al aeropuerto?

3. Un guardabosques camina sobre un sendero inclinado 5° respecto de la horizontal directamente hacia una torre de observación de incendios de $100ft$ de altura. El ángulo de elevación de la parte superior de la torre es de 40°. ¿Qué tan lejos está el guardabosques de la torre en este momento?.

4. El capitán de un buque en el mar visualiza el puerto en el que el buque va a atracar. Visualiza también un faro que sabe que está a $1mi$ de distancia del puesto y mide el ángulo entre las dos visuales, que resulta ser de 20°. Con el buque navegando directamente hacia el puerto, el capitán repite esta medición después de viajar 5 minútos a $12\frac{mi}{h}$. Si el nuevo ángulo es de 30°, ¿qué tan lejos está el buque del puerto?.

5. Dos rutas aéreas se cortan con un ángulo de $50,6^o$. En un momento dado, un avión en curso está a $53{,}4mi$ de la intersección, y otra aeronave en otro curso está a $63{,}9mi$ de dicho cruce. ¿Cuál es la distancia entre los aviones en ese momento? (Existen dos soluciones).

6. Una rampa tiene una inclinación de 41,3^o con respecto al piso. Sobre esta rampa se apoya una tabla de 20,6ft de longitud, con su extremo apoyado en el piso situado en el punto P a 12,2ft de la base Q de la rampa, mientras que el otro extremo está en el punto R. Determine la distancia del punto Q al punto R.

7. Un topógrafo se da cuenta de que la dirección de un punto A a un punto B es $S63^oO$ y que la dirección de A a C es $S38^oO$. Ahora $\overline{AB} = 239$ yardas, y $\overline{BC} = 374$ yardas. Determine $\overline{AC}$.

8. Un asta de bandera está colocado en la parte superior de un edificio de 115ft de altura. Desde un punto del mismo plano horizontal de la base del edificio, los ángulos de elevación de los extremos inferior y superior del asta de bandera son 63,2^o y 58,6^o respectivamente, ¿Cuál es la altura del asta de bandera?.

9. Tres circunferencias de radios $115, 150$ y 225 metros respectivamente, son tangentes entre si por la parte externa. Encuentre los ángulos del triángulo formado al unir los centros de las circunferencias.

10. Obtenga el área de un paralelogramo que tiene lados de longitud 12ft y 16ft, si un ángulo en un vértice mide 40°.

11. Las dimensiones de una caja rectangular son $8 \times 6 \times 4$ pulgadas. Encuentre el ángulo formado por la diagonal de la base y la diagonal del lado 6×4 pulgadas.

12. Una catedral está situada en la cima de una colina. Cuando la punta de su torre se observa desde el pie de la colina, el ángulo de elevación es de 48°. Cuando se ve desde un punto a una distancia de 200ft alejado de la base de la montaña, el ángulo de elevación es de 41°. La cuesta de la colina forma un ángulo de 32°. Aproxime la altura de la catedral.

13. Un avión de reconocimiento que vuela a una altura de 10000ft, localiza a un submarino a un ángulo de depresión de 37° y un buque tanque a un ángulo de depresión de 21°, si el ángulo formado por el submarino, el avión y el buque es de 130°, ¿cuál será la distancia entre el submarino y el buque tanque?.

14. Obtenga el área de los triángulos cuyos vértices están en los puntos indicados

    a) $(-2, 1)$, $(2, -3)$ y $(5, 4)$

    b) $(0, -3)$, $(2, 4)$ y $(5, 2)$

15. Demuestre que el área de un triángulo puede expresarse como

$$A_{\triangle} = \frac{a^2 \sin\beta \sin\gamma}{2 \sin\alpha}$$

16. Demuestre que el radio de una circunferencia inscrita en un triángulo de lados a, b y c esta dado por

$$r = \sqrt{\frac{(s-a)(s-b)(s-c)}{s}}$$

donde $s = \frac{1}{2}(a+b+c)$.

17. Determine el área de la región sombreada

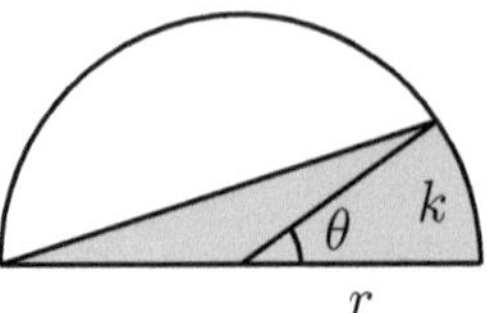

18. Utilice la gráfica para demostrar que

$$\frac{\sin\alpha}{a} = \frac{\sin\beta}{b} = \frac{\sin\gamma}{c} = \frac{1}{2r}$$

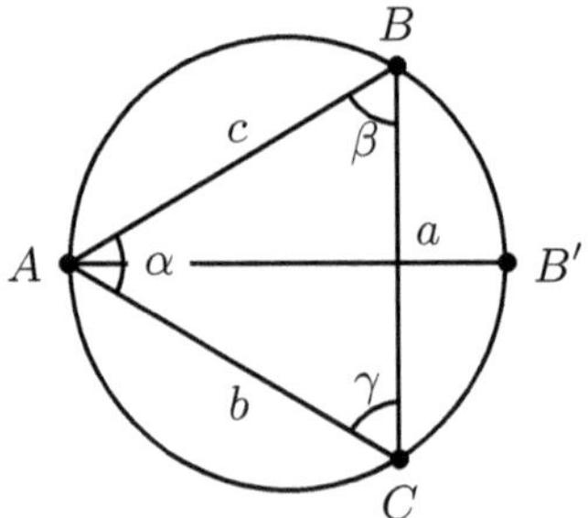

Sugerencia: El radio de la circunferencia es r y se cumple que $\beta = \measuredangle ABC = \measuredangle AB'C$ y $\measuredangle ACB' = 90^o$

19. Tres círculos tangentes entre sí por la parte externa, con centros A, B y C, tienen radios de 50, 30 y 20 pulgadas, respectivamente. Encuentre el área del triángulo *curvilíneo* formado por los tres círculos.

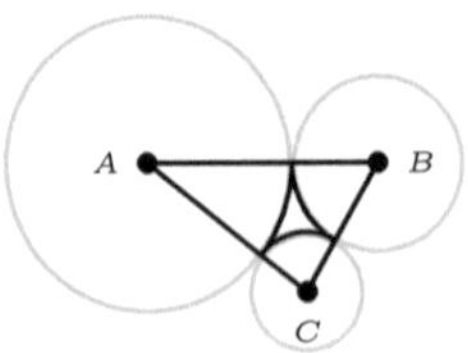

Capítulo 4

Gráficas de curvas trigonométricas

La definición de las razones trigonométricas, como funciones del ángulo, lleva implicado el estudio de las funciones trigonométricas desde el punto de vista de las funciones reales, a continuación se presenta una discución sobre el tratamiento de las gráficas generadas por dichas funciones, sus propiedades y sus aplicaciones, importancia capital se prestará al hecho de la periodicidad de las funciones trigonométricas.

Por lo general en el plano coordenado se representan los ejes como x e y, sin embargo para el trabajo con las funciones trigonométricas es conveniente cambiar esta notación a t en el eje de abscisas, t dado en múltiplos de π, y $f(t)$ para el eje de ordenadas, éste dado en valores reales.

4.1. Líneas trigonométricas

Ya en el capítulo 2 se había hecho mención a la implicación del radio $r = 1$ en el círculo goniométrico para determinar las razones trigonométricas de un ángulo agudo, ahora se estudiará esta implicación desde el punto de vista geométrico.

El círculo goniométrico se convierte en la principal herramienta para estudiar las funciones trigonométricas desde el punto de vista geométrico, a continuación se detalla cada una de las líneas trigonométricas, su construcción y su utilidad.

Líneas del Seno y Coseno De acuerdo a la construcción de un triángulo rectángulo sobre el círculo goniométrico, como se muestra en la Fig. 4.1, las

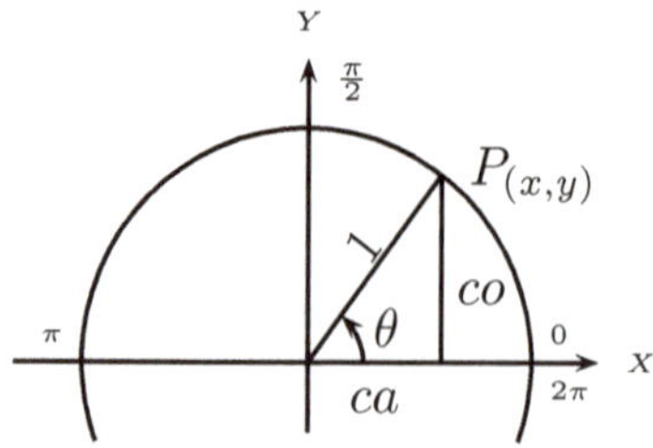

Figura 4.1: Círculo goniométrico.

líneas que representan los valores de Seno y Coseno corresponden, respectivamente al cateto opuesto y al cateto adyacente.

Es fácil ver como a medida que el ángulo crece el valor del cateto opuesto (Seno) crece hasta alcanzar el mismo valor del radio ($r = 1$) cuando $\theta = \frac{\pi}{2}$, mientras el cateto adyacente (Coseno) disminuye su longitud siendo cero cuando $\theta = \frac{\pi}{2}$; de igual manera, a medida que el ángulo pasa de ser ángulo recto, a ángulo obtuso, el valor del cateto opuesto disminuye hasta 0, mientras el cateto adyacente crece hasta ser -1, cuando $\theta = \pi$, si se sigue el crecimiento del ángulo se encuentra que cuando $\theta = \frac{3\pi}{2}$, $\cos\theta = 0$ y $\sin\theta = -1$. Esta es la explicación geométrica de los valores de las funciones trigonométricas para ángulos cuadrantales y también la justificación del por que $\sin\theta$ y $\cos\theta$ tienen rango $[-1, 1]$.

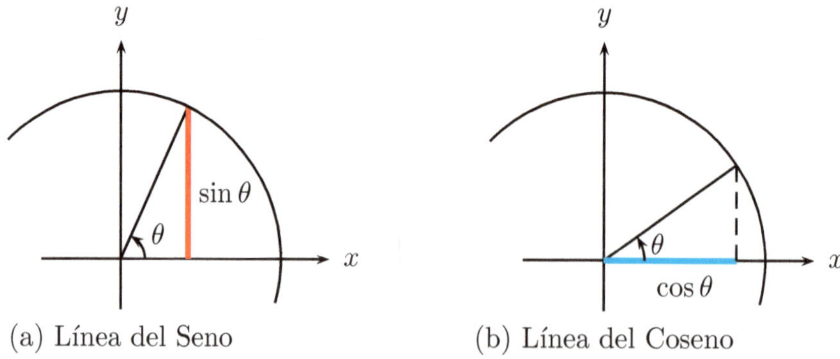

(a) Línea del Seno (b) Línea del Coseno

Figura 4.2: Líneas de Seno y Coseno

Línea de la Tangente La línea que corresponde al valor de la tangente, es la línea que se construye, tangente al círculo goniométrico, perpendicular al eje horizontal a través del punto $(1, 0)$, la longitud queda determinada por la intersección entre la tangente y la prolongación de la hipotenusa hasta dicha tangente. Cabe anotar que la recta Tangente siempre debe tomarse con respecto a la perpendicular al eje horizontal que pasa por $(1, 0)$, de tal forma que cuando un ángulo se encuentra en el segundo cuadrante, por ejemplo, la lectura de la Tangente se hará por debajo del eje horizontal.

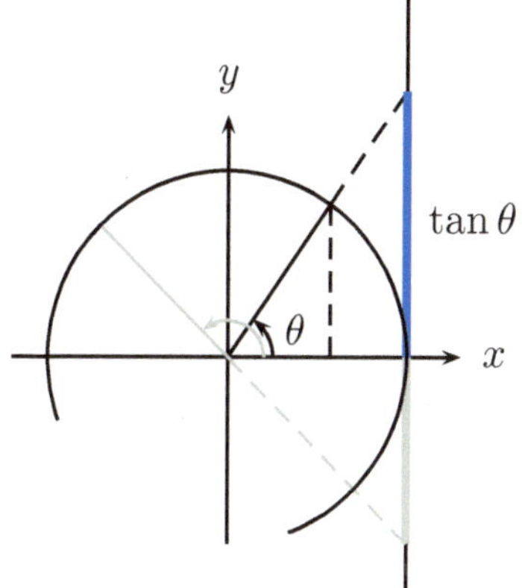

Figura 4.3: Línea de la Tangente

Línea de la Cotangente Para construir la línea que representa el valor de la cotangente se traza una paralela al eje de abscisas (x) a traves del punto $(0, 1)$; el segmento de recta que va desde el eje de ordenadas (y) hasta la prolongación de la hipotenusa del triángulo rectángulo es la línea de la Cotangente.

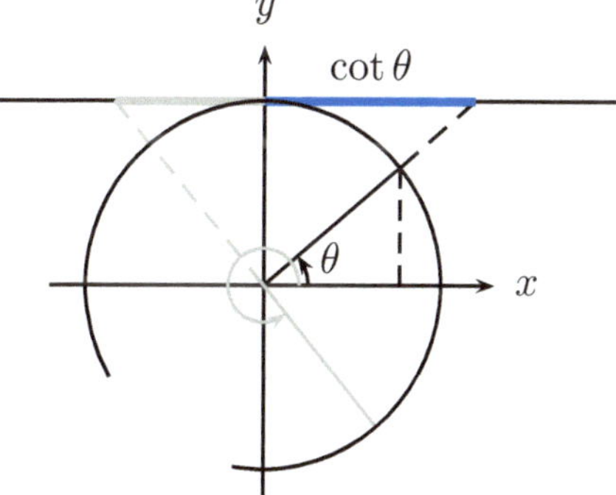

Figura 4.4: Línea de la Cotangente

Líneas de Secante y Cosecante Respectivamente la línea que representa el valor de la Secante corresponde a la prolongación de la hipotenusa del triángulo rectángulo hasta la tangente a la circunferencia por el punto $(1, 0)$, perpendicular a x y la línea que representa el valor de la Cosecante es la prolongación de la hipotenusa hasta la tangente a la circunferencia por el punto $(0, 1)$, paralela a x.

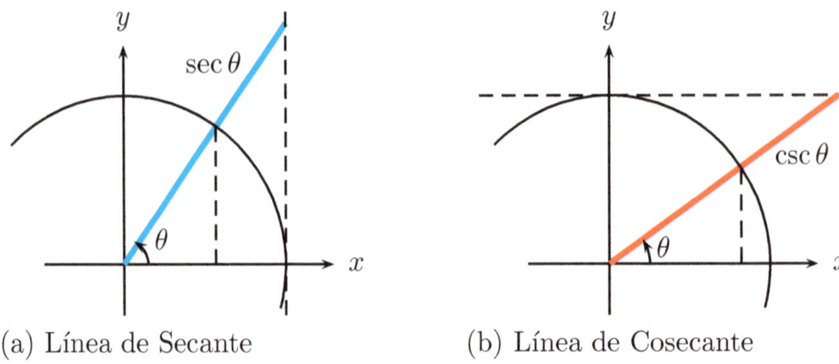

(a) Línea de Secante (b) Línea de Cosecante

Figura 4.5: Líneas de Secante y Cosecante

4.2. Algunas definiciones de funciones

Aunque ya se ha mencionado el por qué las razones trigonométricas se denominan funciones, no se han establecido las características de dichas funciones desde el punto de vista de las funciones reales; sin entrar en un estudio del concepto de función como el que se aborda en un curso de precálculo o cálculo, existen agunas definiciones básicas que deben tenerse en cuenta para continuar con el estudio de las funciones trigonométricas.

DEFINICIÓN 4.1 Una *función* se define como una relación de correspondencia entre dos conjuntos, uno llamado *dominio* (conjunto de partida o de preimágenes) y otro llamado *rango* (conjunto de llegado o de imágenes), que cumple la condición de que a cada elemento del dominio le corresponde un único elemento relacionado en el rango.

Una función puede representarse a través de una ecuación, un conjunto de pares ordenados (gráfica) o un diagrama sagital.

Criterio de la recta vertical: Una gráfica es función si al trazar una recta vertical por cualquier punto del dominio, ésta interseca a la gráfica únicamente en un punto.

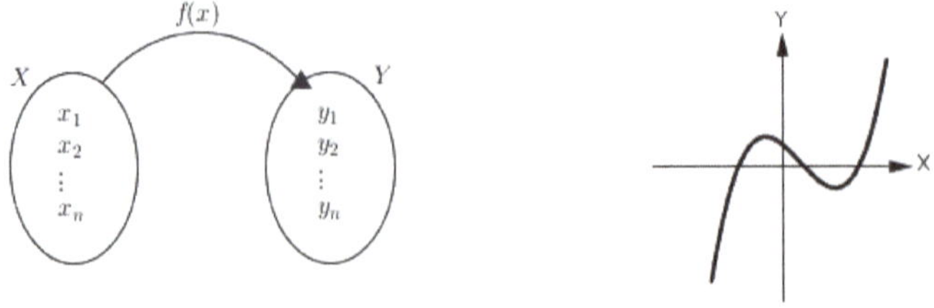

Figura 4.6: Representaciones de una función

DEFINICIÓN 4.2 El *Dominio* de una función $f(x)$ se define como el conjunto de todos los posibles valores que puede tomar la variable independiente y para los cuales $f(x)$ esta definida. A los elementos del dominio gráficamente se les denomina preimágenes y se ubican sobre el eje de abscisas del plano coordenado.

DEFINICIÓN 4.3 Se define como *Rango* de una función, el conjunto de todos los posibles valores resultantes de $f(x)$, gráficamente el rango esta asociado con las imagenes que se ubican sobre el eje de ordenadas del plano coordenado.

DEFINICIÓN 4.4 Una función $f(x)$ se define simétrica[1] con respecto de un punto P si existen un par de puntos R y S simétricos respecto de P que son puntos de la función.

DEFINICIÓN 4.5 **Función Par:** Una función f se define par si y solamente si

$$\forall a \in Dom\,[f(x)]\,, \quad f(-a) = f(a),$$

lo que permite asegurar que una función par es simétrica con respecto al eje de ordenas.

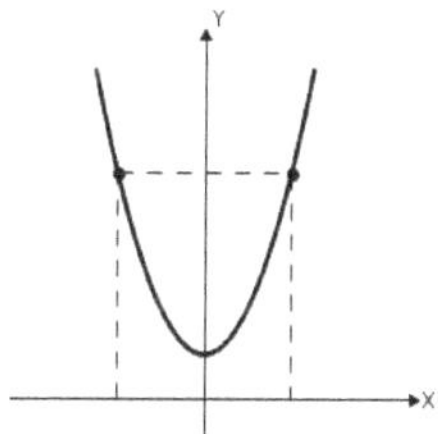

Figura 4.7: Función Par

DEFINICIÓN 4.6 **Función Impar:** Una función f se define impar si y solamente si

$$\forall a \in Dom\,[f(x)]\,, \quad f(-a) = -f(a),$$

con lo cual se asegura que al ser impar f es simétrica con respecto al origen del plano coordenado.

DEFINICIÓN 4.7 **Función periodica:** Una función f se define periodica si y solamente si

$$\forall x \in Dom[f(x)], \quad \exists p \in \mathbb{R} \mid (x+p) \in Dom[f(x)] \text{ y } f(x) = f(x+p)$$

al valor más pequeño de p, se le denomina periodo de f.

[1] El diccionario de la Real Academia Española define Simetría como la correspondencia exacta en forma, tamaño y posición de las partes de un todo.

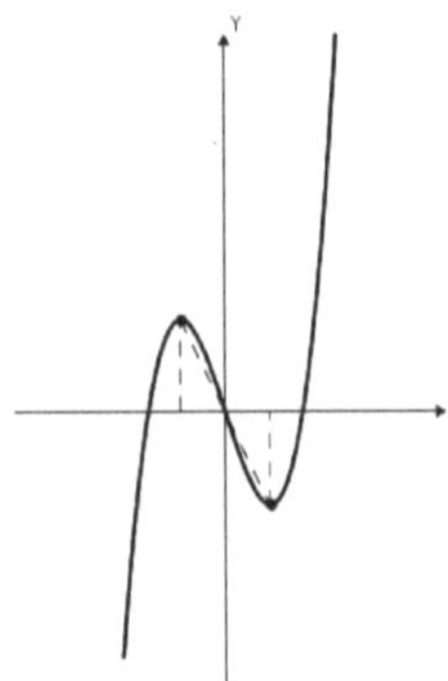

Figura 4.8: Función Impar

4.3. Gráficas de las funciones trigonométricas

Como ya se mencionó y se comprobó, las funciones trigonométricas dependen de la magnitud del ángulo, esto lleva a que puedan definirse como funciones y por tanto pueden representarse como un conjunto de pares ordenados, a continuación se estudiaran las principales propiedades de las gráficas de las funciones trigonométricas.

Para representar las funciones trigonométricas graficamente, se utilizará un plano coordenado cuyo eje de abscisas estara denotado por t y tomara valores del ángulo medido en radianes, el eje de ordenadas será denotado por $f(t)$ y su escala estará dada en valores reales.

Para iniciar y tener una buena aproximación de las gráficas, es bueno construir una tabla con algunos de los valores de las funciones trigonométricas en los ángulos estandar y cuadrantales.

t^o	$t\ rad$	$\sin t$	$\cos t$	$\tan t$	$\cot t$	$\sec t$	$\csc t$
0°	0	0	1	0	Ind	1	Ind
30°	$\frac{\pi}{6}$	0.5	0.87	0.58	1.73	1.15	2
45°	$\frac{\pi}{4}$	0.71	0.71	1	1	1.41	1.41
60°	$\frac{\pi}{3}$	0.87	0.5	1.73	0.58	2	1.15
90°	$\frac{\pi}{2}$	1	0	Ind	0	Ind	1

Tabla 4.1: Algunos valores de las funciones trigonométricas entre $0^o y 90^o$

120°	$\frac{2\pi}{3}$	0.87	-0.5	-1.73	-0.58	-2	1.15
135°	$\frac{3\pi}{4}$	0.71	-0.71	-1	-1	-1.41	1.41
150°	$\frac{5\pi}{6}$	0.5	-0.87	-0.58	-1.73	-1.15	2
180°	π	0	-1	0	Ind	-1	Ind
210°	$\frac{7\pi}{6}$	-0.5	-0.87	0.58	1.73	-1.15	-2
225°	$\frac{5\pi}{4}$	-0.71	-0.71	1	1	-1.41	-1.41
240°	$\frac{4\pi}{3}$	-0.87	-0.5	1.73	0.58	-2	-1.15
270°	$\frac{3\pi}{2}$	-1	0	Ind	0	Ind	-1
300°	$\frac{5\pi}{3}$	-0.87	0.5	-1.73	-0.58	2	-1.15
315°	$\frac{7\pi}{4}$	-0.71	0.71	-1	-1	1.41	-1.41
330°	$\frac{11\pi}{6}$	-0.5	0.86	-0.58	-1.73	1.15	-2
360°	2π	0	1	0	Ind	1	Ind

Tabla 4.2: Algunos valores de las funciones trigonométricas entre 120° y 360°

4.3.1. Gráfica de la función Seno

Características de la gráfica de la función Seno

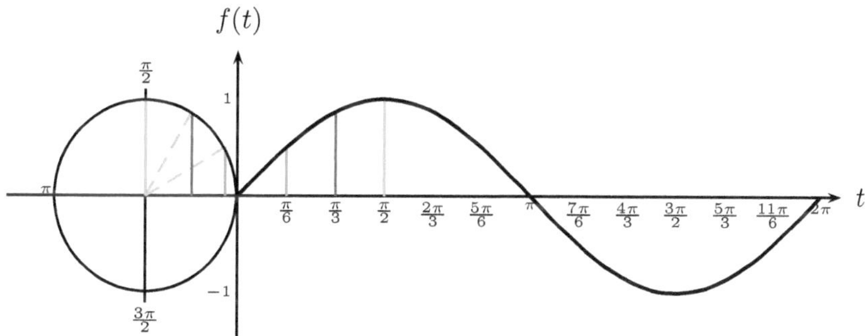

Figura 4.9: Gráfica de la función Seno

1. **Periodo:** $P = 2\pi$, luego

$$\sin t = \sin(t + 2\pi).$$

2. **Dominio:** El dominio de la función seno es $\mathbb{R}$, sin embargo, dado que es un función periodica su dominio puede limitarse al intervalo $[0, 2\pi]$.
3. **Rango:** El rango de la función seno queda dado por el intervalo $[-1, 1]$.
4. **Paridad:** La función seno es una función impar, es decir, su gráfica es simétrica con respecto al origen lo que analíticamente significa que

$$\sin(-t) = -\sin(t). \tag{4.1}$$

5. **Crecimiento:** La gráfica de la función seno es creciente en los intervalos $\left(0, \frac{\pi}{2}\right)$ y $\left(\frac{3\pi}{2}, 2\pi\right)$ y decreciente en el intervalo $\left(\frac{\pi}{2}, \frac{3\pi}{2}\right)$.
6. **Puntos de inflexión:** La gráfica de la función seno, cambia de sentido en $t = \frac{\pi}{2}$ y $t = \frac{3\pi}{2}$, luego sus puntos de inflexión son

$$\left(\tfrac{\pi}{2}, 1\right) \text{ y } \left(\tfrac{3\pi}{2}, -1\right)$$

7. **Ceros:** Los ceros de la gráfica de la función seno se encuentran en los puntos $(t\pi, 0)$ con $t \in \mathbb{Z}$.

4.3.2. Gráfica de la función Coseno

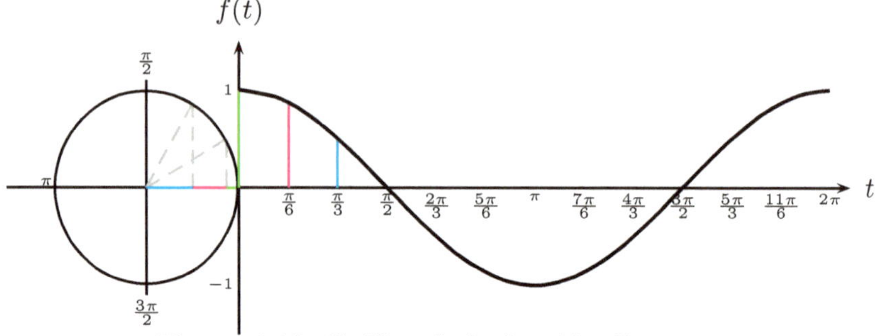

Figura 4.10: Gráfica de la función Coseno

Características de la gráfica de la función Coseno

1. **Periodo:** $P = 2\pi$, es decir

$$\cos t = \cos(t + 2\pi).$$

2. **Dominio:** El dominio de la función coseno queda definido por el intervalo $[0, 2\pi]$ ya que el análisis que pueda hacerse en $\mathbb{R}$ se refleja completamente en este intervalo por ser coseno una función periodica.
3. **Rango:** El rango de la función coseno es el intervalo $[-1, 1]$.
4. **Paridad:** La función coseno es una función par, es decir, su gráfica es simétrica con respecto al eje de ordenadas lo que analíticamente significa

$$\cos(-t) = \cos t. \tag{4.2}$$

5. **Crecimiento:** La curva generada por la función coseno es creciente en el intervalo $(\pi, 2\pi)$ y decreciente en el intervalo $(0, \pi)$.
6. **Puntos de inflexión:** La gráfica de la función coseno tiene un único cambio de sentido en el punto $(\pi, -1)$.
7. **Ceros:** La curva de la función coseno tiene dos raices en los puntos $\left(\frac{\pi}{2}, 0\right)$ y $\left(\frac{3\pi}{2}, 0\right)$.

4.3.3. Curvas Sinusoidales:

Las curvas generadas por ecuaciones de la forma

$$f(t) = A\sin\left[B(t-C)\right] + D \tag{4.3}$$

$$f(t) = A\cos\left[B(t-C)\right] + D \tag{4.4}$$

se denominan curvas senoidales y cosenoidales, respectivamente. Es claro que estas ecuaciones tienen cuatro coeficientes ($A, B, C,$ y D), los cuales determinan diferentes características de las curvas generadas, el estudio de estas características determina el comportamiento general de las curvas lo que permite establecer los parámetros analíticos y geométricos (gráficos) que determinan el comportamiento de ecuaciones (funciones) de la forma (4.3) y (4.4).

Coeficientes de las ecuaciones (4.3) y (4.4)

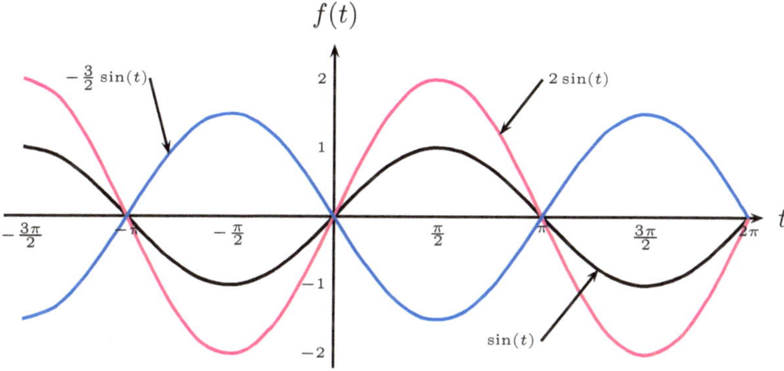

Figura 4.11: Variación del coeficiente A en una curva Senoidal

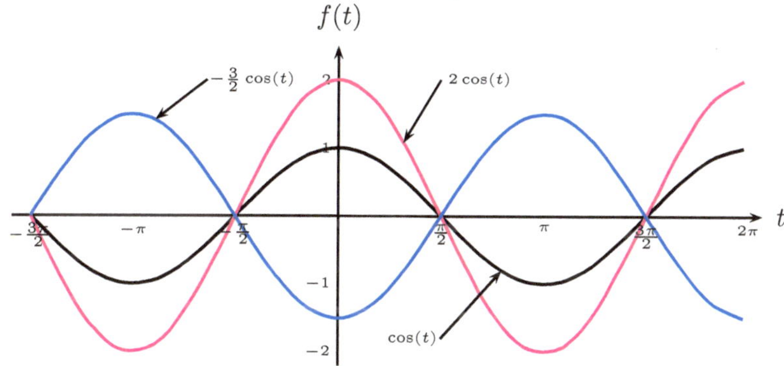

Figura 4.12: Variación del coeficiente A en una curva Cosenoidal

1. **Coeficiente A, *Amplitud*:** El desplazamiento vertical máximo que alcanza una onda (curva senoidal o cosenoidal) se denomina *Amplitud*, esto tiene estrecha relación con el estudio que se hace de las ondas en la física, de hecho, el punto de desplazamiento vertical hacia arriba, máximo, se denomina cresta, mientras que el punto de desplazamiento verticar hacia abajo, mínimo, se denomina valle.

   El valor del coeficiente A determina la distancia máxima que hay hasta un máximo o mínimo en la curva, por ser una distancia, la amplitud se lee como el valor absoluto del coeficiente A.

   $$A = |A|.$$

   Es importante notar que la diferencia en la paridad de las funciones Seno y Coseno, determinan también diferencias gráficas con respecto a los coeficientes ya que el signo respectivo de los coeficientes A y B influye en el comportamiento inicial[2]

   También es notable observar que el coeficiente A modifica el rango de estas funciones, quedando definido éste por:

   $$Ran\,[f(t)] = [-|A|, |A|]\,^3.$$

2. **Coeficiente B, *Periodo*:** El coeficiente B modifica la distancia entre cresta y cresta (máximos) o entre valle y valle (mínimos) de una curva senoidal o cosenoidal, por tanto modifica el periodo de la curva, esta distancia también es conocida como *longitud de onda* y se representa con λ, para el presente documento, y teniendo en cuenta el convencionalismo en la bibliografía, utilizaremos P.

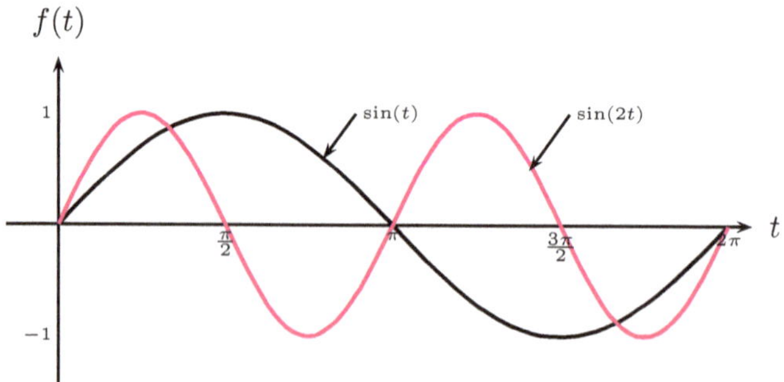

Figura 4.13: Variación del coeficiente B en una curva Senoidal

[2]Denominaremos punto inicial al primer cero de la gráfica de la curva; $(0,0)$ o $(0,A)$ cuando el desplazamiento horizontal de la curva sea cero $C = 0$.

[3]Se utiliza el valor absoluto para desestimar el signo del coeficiente A en la ecuación original.

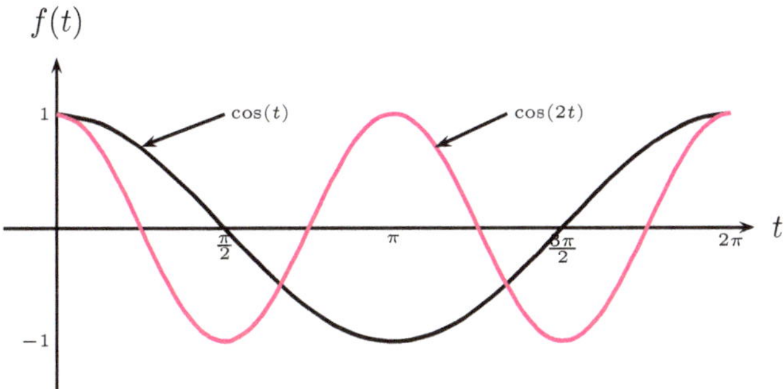

Figura 4.14: Variación del coeficiente B en una curva Cosenoidal

El periodo de una curva trigonométrica esta definido por

$$P = \frac{2\pi}{|B|}. \tag{4.5}$$

Hasta ahora se ha estudiado el comportamiento de la gráfica a partir del valor de los coeficientes A y B. Se sabe que el coeficiente A modifica la amplitud o "altura"de la curva, mientras que el coeficiente B modifica la distancia entre cresta y cresta o valle y valle, (periodo); de tal forma que entre mayor sea $|A|$ mas "alta"será la curva y entre mayor sea $|B|$ menor el periodo de la curva, sin embargo hay otro factor a tener en cuenta en el anális de estos coeficientes, el signo, ¿qué papel juegan los signos de estos coeficiente (A y B) en el comportamiento de la curva?, para responder a esta pregunta primero debemos recordar la paridad[4] de cada una de las funciones: Seno es una función impar mientras que Coseno es una función par, teniendo presente esto, se conviene definir como *punto inicial* de estas gráficas, el primer cero de la función para el caso senoidal y el punto $(0, A)$ para el caso cosenoidal. Así, a continuación se verá como el signo de los coeficientes A y B determina el *sentido de crecimiento*[5] inicial de la curva.

Como puede verse en las Tablas 4.2, el sentido inicial de crecimiento de una curva senoidal se ve afectado por los signos de los coeficientes A y B, ya que si el producto de estos signos es negativo, la curva inicia decreciendo.

Por otro lado, en el caso de una curva Cosenoidal, el sentido inicial de crecimiento solamente depende del signo del coeficiente A dado que

[4]Ver las ecuaciones (4.1) y (4.2)

[5]Recordar que el sentido de crecimiento se lee siempre de izquierda a derecha en el eje horizontal; si de izquierda a derecha el valor de las ordenadas aumenta, es creciente y si disminuye es decreciente.

Coseno es una función par, este comportamiento puede verse en la Tabla 4.3.

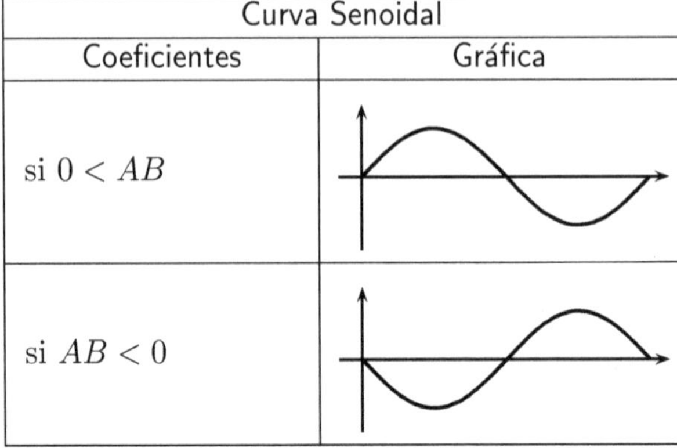

Curva Senoidal	
Coeficientes	Gráfica
si $0 < AB$	
si $AB < 0$	

Tabla 4.3: Variación en el sentido inicial de crecimiento

Curva Cosenoidal	
Coeficientes	Gráfica
si $0 < A$	
si $A < 0$	

Tabla 4.4: Variación en el sentido inicial de crecimiento

3. **Coeficiente C, *Desplazamiento horizontal de fase*:** El coeficiente C, determina el desplazamiento horizontal del punto inicial de la curva, hasta el momento ese punto inicial se ha referido al primer cero en el caso de las curvas senoidales y al punto $(0, A)$ en el caso de las cosenoidales, en adelante y de acuerdo al valor y al signo del coeficiente C una curva trigonométrica tendrá desplazado su punto inicial C unidades a la izquierda si $C < 0$ o C unidades a la derecha si $0 < C$.

   Es bueno tener en cuenta que las ecuaciones (4.3) y (4.4) tienen el coeficiente B factorizado, por tanto el desplazamiento horizontal queda definido por

$$D_h = C. \tag{4.6}$$

sin embargo, este par de ecuaciones pueden presentarse también con el coeficiente B distribuido, en cuyo caso el desplazamiento horizontal estará dado por

$$D_h = \frac{C}{|B|}. \tag{4.7}$$

La implicación del valor absoluto en el coeficiente B para la determinación del desplazamiento horizontal, es que el signo de éste ya se analizó y el desplazamiento horizontal queda determinado únicamente por el signo de C[6] .

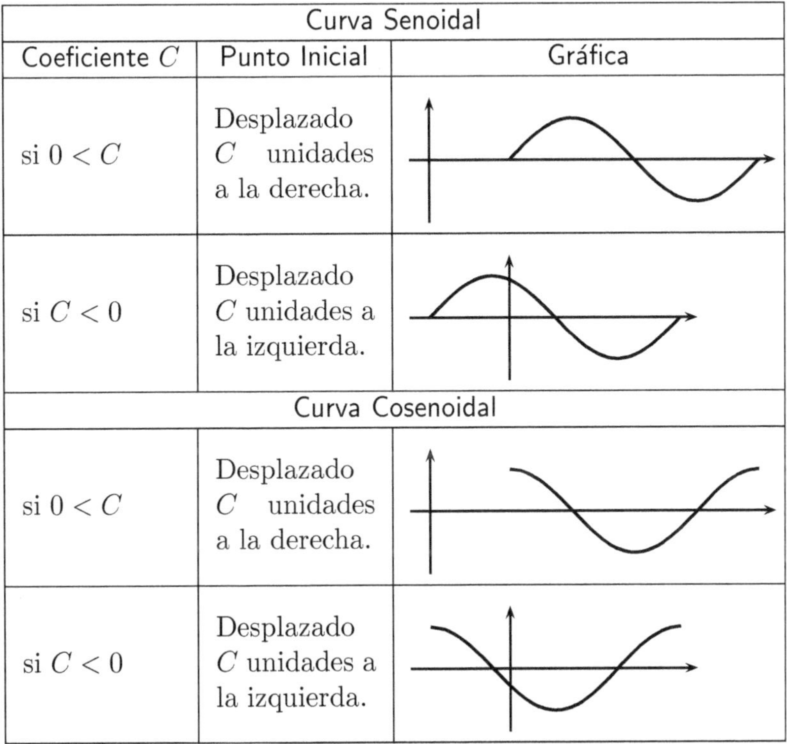

Curva Senoidal		
Coeficiente C	Punto Inicial	Gráfica
si $0 < C$	Desplazado C unidades a la derecha.	
si $C < 0$	Desplazado C unidades a la izquierda.	
Curva Cosenoidal		
si $0 < C$	Desplazado C unidades a la derecha.	
si $C < 0$	Desplazado C unidades a la izquierda.	

Tabla 4.5: Variación en el desplazamiento horizontal de fase

4. **Coeficiente D, *Desplazamiento vertical de fase*:** El coeficiente D determina la posición del eje de ceros (desplazamiento vertical de fase)

[6]Importante tener en cuenta que el signo de C es independiente del negativo propio de la ecuación 4.3 o 4.4

por lo tanto, modifica el rango de la función que queda definido por el intervalo

$$Ran[f(t)] = [D - A, D + A]$$

A diferencia del desplazamiento horizontal, el sentido del desplazamiento vertical queda determinado directamente por el signo del coeficiente D; $0 < D$ hacia arriba, $D < 0$ hacia abajo.

Curva Senoidal		
Coeficiente D	Punto Inicial	Gráfica
si $0 < D$	Desplazado D unidades hacia arriba.	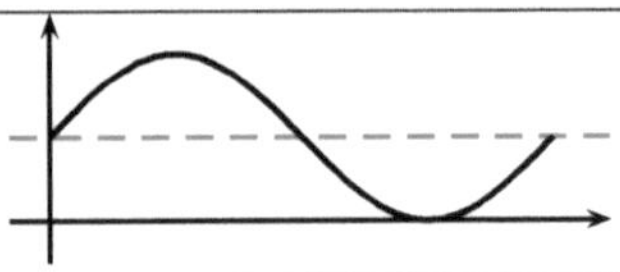
si $D < 0$	Desplazado D unidades hacia abajo.	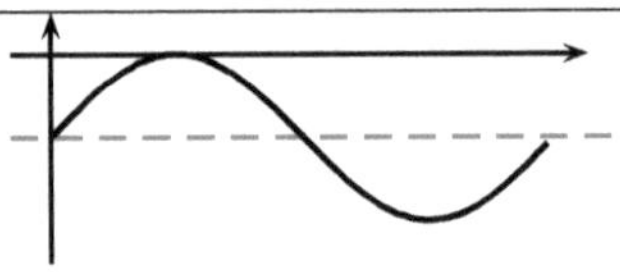
Curva Cosenoidal		
si $0 < D$	Desplazado D unidades hacia arriba.	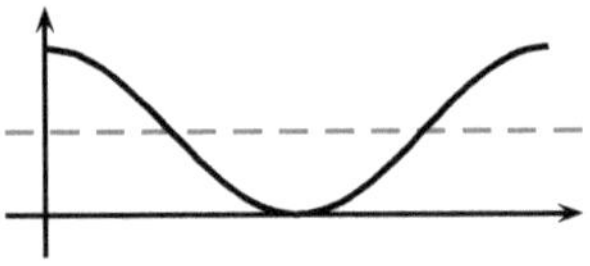
si $D < 0$	Desplazado D unidades hacia abajo.	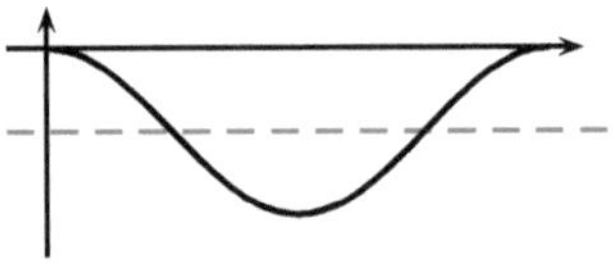

Tabla 4.6: Variación en el desplazamiento vertical de fase

Ejemplo 4.1 Determinar las características y trazar la gráfica de la función $f(t) = \frac{3}{2}\sin\left[3\left(t + \frac{1}{2}\right)\right] - 1$.

Solución: Amplitud $A = |\frac{3}{2}|$, período $P = \frac{2\pi}{3}$, el signo en el ángulo de la función es positivo lo que indica que el coeficiente $C < 0$, luego desplazamiento horizontal de fase $D_h = \frac{3}{2}$ a la izquierda, finalmente desplazamiento vertical de fase $D_v = 1$ hacia abajo, lo que indica que el eje de ceros es la recta $y = -1$, a partir de allí se medirá la amplitud de la curva con lo cual el primer máximo tendrá abscisa 0,5 y primer mínimo $-2{,}5$. Ahora, para la gráfica de la función se toma como punto inicial el punto $(-1{,}5; -1)$ y dividiendo el periodo en cuatro[7] y dado que el producto $AB > 0$ la curva inicia creciendo

[7] El periodo de una curva sinusoidal esta dividido en cuatro partes iguales, cada semiciclo se divide en dos

así el primer máximo esta en el punto $(-0{,}98; 0{,}5)$ que se consigue sumando la cuarta parte del período a la abscisa del punto inicial, igualmente para el segundo cero, el mínimo y el tercer cero (equivalente a un periodo completo) que correspondientemente son los puntos $(-0{,}45; -1)$, $(0, -2{,}5)$ y $(0{,}59, -1)$ aproximádamente.

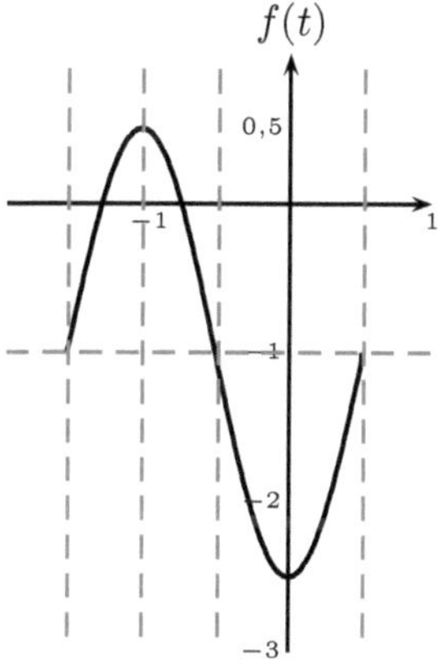

Figura 4.15: Gráfica ejemplo 4.1

Ejemplo 4.2 Exprese la gráfica como una función coseNoidal y senoidal.

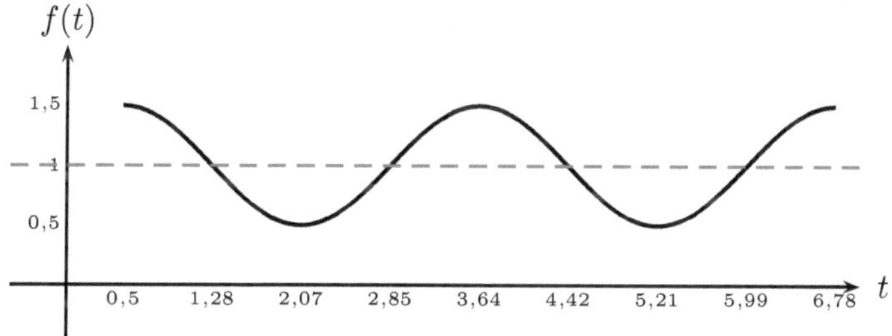

Figura 4.16: Gráfica ejemplo 4.2

Solución: *Forma Cosenoidal:* De la gráfica puede determinarse que la distancia desde el eje de ceros (la recta $y = 1$) hasta los máximos o mínimos es $\frac{1}{2}$, por tanto $A = \frac{1}{2}$ positivo porque la curva inicia decreciendo, al contar las cuatro divisiones de un ciclo completo se determina que el periodo de la curva es π por tanto $B = 2$, el desplazamiento horizontal es $\frac{1}{2}$ a la derecha con lo cual $C = \frac{1}{2}$, y de la posición del eje de ceros se establece que $D = 1$, luego la ecuación cosenoidal que describe la curva es

$$f(t) = \frac{1}{2}\cos\left[2\left(t - \frac{1}{2}\right)\right] + 1.$$

Forma Senoidal: Para la forma senoidal se toma como punto inicial el primer cero de la curva ubicado en el punto (1,28; 1) lo que determina que el coeficiente $C = 1{,}28$, que sumado al análisis hecho en el caso cosenoidal para el coeficiente $A = \frac{1}{2}$ y dado que la curva inicia decreciendo se asocia el signo negativo al coeficiente A y el $B = 2$ sigue siendo positivo, finalmente el desplazamiento vertical se conserva de una unidad hacia arriba $D = 1$ con lo cual la expresión senoidal que representa la curva es

$$f(t) = -\frac{1}{2}\sin\left[2\left(t - 1{,}28\right)\right] + 1.$$

Ejemplo 4.3 En un cierto momento del día entre el 1 y el 4 de Octubre, la temperatura en una ciudad fue $T(t)$ grados Fahrenheid a las t horas después de la media noche del 30 de Septiembre, donde
$T(t) = 60 - 15\sin\left[\frac{1}{12}\pi(8-t)\right] \quad 0 \leq t \leq 96$

a) Determine el periodo de T.

Obtenga la temperatura, considerando el 1 de Octubre en todos lo casos,

b) a las 8 A.M.;

c) al mediodía;

d) a las 2 P.M.;

e) a las 6 P.M.,

f) a la medianoche del citado día;

g) trace la gráfica de T.

Solución:

a) T está determinada por una función senoidal, luego su período esta dado por la ecuación (4.5) así que $P(T) = 24$.

b) Ocho horas después de la media noche del 30 de Septiembre la temperatura fue de $T(8) = 60$ grados Fahrenheid.

c) Al mediodía se contabilizan 12 horas luego $T(12) \approx 72{,}99$ grados Fahrenheid.

d) Luego de transcurridas 14 horas del 1 de Octubre, la temperatura de la ciudad fue de $T(14) = 75$ grados Fahrenheid.

e) A las 6 P.M. han trasncurrido 18 horas después de iniciado el 1 de Octubre, luego la temperatura marcaba los $T(18) = 67{,}5$ grados Fahrenheid.

f) 24 horas (un período) después de la media noche del 30 de Septiembre en la ciudad habían $T(24) \approx 47$ grados Fahrenheid de temperatura.

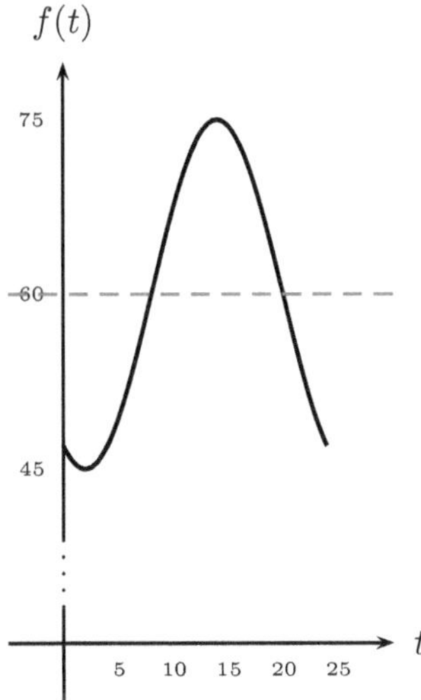

Figura 4.17: Gráfica ejemplo 4.3

Gráficas de suma de funciones sinusoidales

En la física se presenta el análisis de curvas que representan el movimiento oscilatorio de parículas a través de la suma de funciones lo que conlleva la necesidad de poder analizar de manera eficiente las características antes estudiadas también en estas curvas, existen dos métodos posibles para resolver la gráfica de dichas funciones.

Suma de Ordenadas Para determinar la gráfica generada por expresiones de la forma

$$f(t) = a\cos(B_1 t) + b\sin(B_2 t)$$

puede recurrirse al método de suma de ordenadas que consiste en determinar las ordenadas de cada función involucrada en $f(t)$ y resolver la suma aritmética para construir la tabla de valores de la función $f(t)$, este método se ilustra a continuación.

Uso de identidades del ángulo suma Mediante el uso de identidades del ángulo suma[8] las funciones de la forma

$$f(t) = a\cos(Bt) + b\sin(Bt)$$

puede reescribirse en la forma

$$f(t) = A\cos(Bt - C)$$

[8]Véase teorema 10 en el capítulo 5.

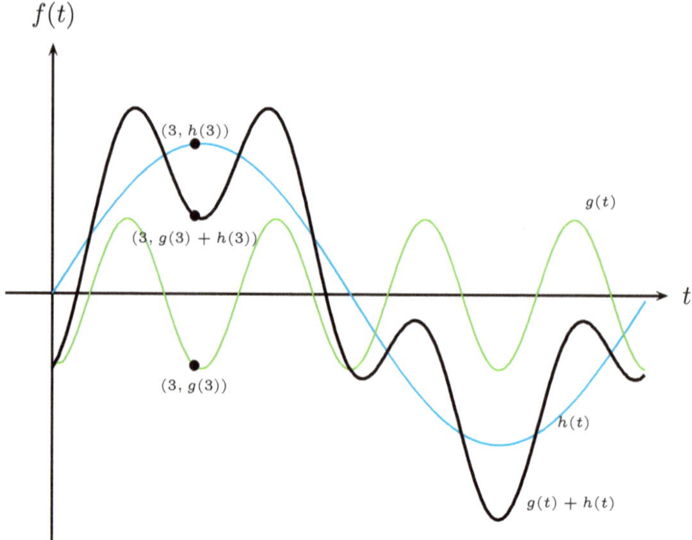

Figura 4.18: Suma de ordenadas

lo que permite desarrollar el análisis respectivo ya estudiado de la curva sinusoidal generada.

Ejercicios 4

1. Trace la gráfica de cada función en dos periodos.

a) $f(t) = 2\sin\left(t - \frac{\pi}{4}\right)$

b) $f(t) = \cos\left(t - \frac{\pi}{3}\right) + \frac{1}{2}$

c) $f(t) = \sin\left(t + \frac{\pi}{3}\right) - \frac{3}{2}$

d) $f(t) = -3\cos\left(t + \frac{1}{6}\pi\right) - 1$

e) $f(t) = 5\cos\left(3t + \frac{1}{2}\pi\right)$

f) $f(t) = -2\sin\left(\frac{\pi t}{3} + \frac{\pi}{2}\right)$

g) $f(t) = 3\cos\left(\frac{\pi t}{2} + \frac{\pi}{3}\right)$

h) $f(t) = \frac{1}{2}\cos\left(\frac{t-6}{2}\right)$

i) $f(t) = -\frac{4\sin[4(x-2)]}{3} + \frac{1}{2}$

j) $f(t) = \frac{3}{2}\sin\left[2\left(t - \frac{1}{2}\right)\right] - 1$

2. Exprese cada función del numeral anterior como su correspondiente senoidal o cosenoidal. (*Ver ejemplo 4.2*).

3. Encuentre una expresión de cada gráfica, en términos de $\sin(t)$ y $\cos(t)$.

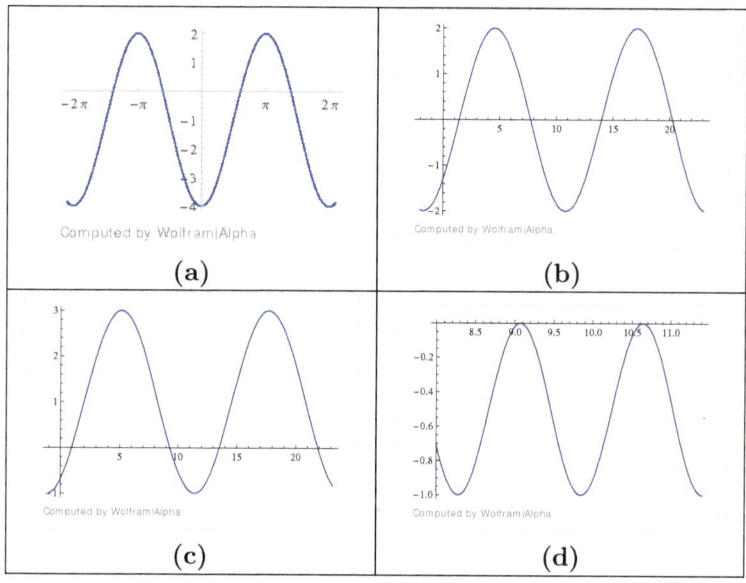

4. Cada ecuación describe el movimiento armónico simple de un cuerpo suspendido de un resorte helicoidal que vibra verticalmente donde $f(t)$ centímetros es la distancia dirigida del cuerpo desde su posición central a los t segundos, siendo la dirección positiva hacia arriba. Para cada movimiento, trace la gráfica, determine las posiciones del cuerpo en los instantes indicados y analice el movimiento.

   a) $f(t) = 5\sin(2t);\quad t_1 = 0,\ t_2 = \frac{\pi}{4},\ t_3 = \frac{\pi}{2},\ t_4 = \frac{3\pi}{4}$
   b) $f(t) = 6\cos(3t);\quad t_1 = 0,\ t_2 = \frac{\pi}{6},\ t_3 = \frac{\pi}{3},\ t_4 = \frac{\pi}{2}$
   c) $f(t) = 8\cos\left[\pi\left(2t - \frac{1}{3}\right)\right];\quad t_1 = 0,\ t_2 = \frac{1}{6},\ t_3 = \frac{1}{3},\ t_4 = \frac{1}{2}$
   d) $f(t) = 3\cos\left[\pi\left(3t + \frac{1}{2}\right)\right];\quad t_1 = 0;\ t_2 = \frac{1}{6},\ t_3 = \frac{1}{3},\ t_4 = \frac{1}{2}$

5. Supóngase que el movimiento de una partícula a lo largo de una recta es armónico simple y está descrito por una ecuación de la forma $S(t) = a\sin[b(t-c)]$, donde $S(t)$ centímetros es el desplazamiento de la partícula desde un punto fijo (el origen) a los t segundos. Con esto, en Cálculo se demuestra que si la velocidad de la partícula a los t segundos es $V(t)\frac{cm}{s}$, entonces $V(t) = ab\cos[b(t-c)]$, y si la aceleración de la partícula a los t segundos es $A(t)$, entonces $A(t) = -ab^2\sin[b(t-c)]$. Si la ecuación descriptiva del movimiento es $S(t) = 2\sin\left[\frac{1}{3}\pi(t-1)\right]$, ¿cuáles son la posición, la velocidad y la aceleración de la partícula cuando t vale **(a)** 0 s; **(b)** 1 s; **(c)** 2 s; **(d)** 3 s y **(e)** 4 s?.

6. A un cuerpo (con cierto peso) suspendido de un resorte helicoidal colgante, se le sube hasta un punto 2 cm arriba de su posición central y después se le suelta. Trancurre $\frac{1}{2}$ s para que el cuerpo efectú una vibración. **(a)** Escriba la ecuación que define a $f(t)$, donde $f(t)$ centímetros

es la distancia dirigida del cuerpo desde su posición central, t segundos después del inicio del movimiento y la dirección positiva es hacia arriba. Determine la posición del objeto; **(b)** $\frac{1}{2}$ s después del inicio del movimiento, y **(c)** $\frac{1}{4}$ s después del inicio del movimiento.

4.3.4. Gráfica de la función Tangente

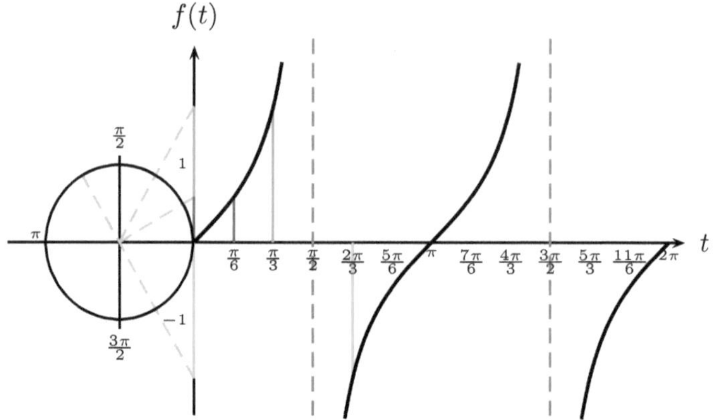

Figura 4.19: Gráfica de la función Tangente

Características de la gráfica de la función Tangente

1. **Periodo:** $P = \pi$, entonces

$$\tan(t) = \tan(t + \pi)$$

2. **Asíntotas:**[9] Las asíntotas de la función tangente tienen ecuación

$$t = \frac{n\pi}{2}, \quad \text{con } n \in \mathbb{Z}, \text{ impar.}$$

3. **Dominio:** El dominio de la función tangente, dado que es una función periodica y que en su periodo existe una asíntota vertical, es la unión de los intervalos $\left[0, \frac{\pi}{2}\right) \cup \left(\frac{\pi}{2}, \pi\right]$.
4. **Rango:** El rango de la función tangente es el conjunto $\mathbb{R}$.
5. **Paridad:** La función tangente, es una función impar lo que implica que su gráfica es simétrica respecto del origen o analíticamente que:

$$\tan(-t) = -\tan t.$$

6. **Crecimiento:** Tangente es creciente en todo su dominio.
7. **Ceros:** La gráfica de la función tangente tiene ceros en $(0, 0)$ y $(\pi, 0)$.

[9] La asíntota se define como la recta cuya distancia a una curva tiene a cero a medida ésta se extiende indefinidamente.

4.3.5. Gráfica de la función Secante

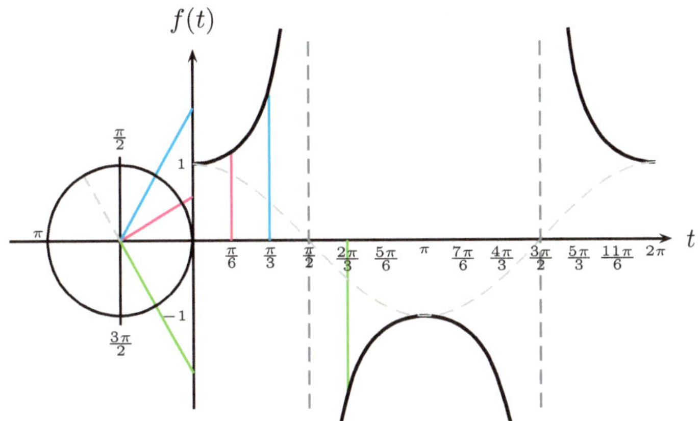

Figura 4.20: Gráfica de la función Secante

Características de la gráfica de la función Secante

Las funciones trigonométricas $\sec(A), \csc(A)$ y $\cot(A)$ son las correspondientes recíprocas de $\sin(A), \cos(A)$ y $\tan(A)$, por tanto sus caracteísticas estan estrechamente relacionadas con las de éstas últimas.

1. **Asíntotas:** Como ya se mencionó en el capítulo 2 (funciones trigonométricas de ángulos cuadrantales), $\sec(A) = \frac{1}{\cos(A)}$, por tanto en los puntos en los que $\cos(A) = 0$, $\sec(A) = ind$, por tanto $\sec(A)$ tiene asíntotas en
$$t = \frac{n\pi}{2}, \quad \text{con } n \in \mathbb{Z}, \text{ impar.}$$

2. **Periodo:** dado que
$$\cos(t + 2\pi) = \cos(t),$$
y como
$$\sec(t + 2\pi) = \frac{1}{\cos(t + 2\pi)},$$
se tiene que
$$\sec(t + 2\pi) = \sec(t),$$
por tanto $P = 2\pi$.

3. **Dominio:** Debido a la existencia de las dos asíntotas verticales en un periodo de $\sec(A)$, el correspondiente dominio es el intervalo $\left[0, \frac{\pi}{2}\right) \cup \left(\frac{\pi}{2}, \frac{3\pi}{2}\right) \cup \left(\frac{3\pi}{2}, 2\pi\right]$.

4. **Rango:** Debido a que cada ordenada de $\sec(A)$ es recíproca a la respectiva ordenada de $\cos(A)$
$$Ran[\sec(A)] = (-\infty, -1) \cup (1, \infty).$$

5. **Paridad:** Como consecuencia de que $\sec(-t) = \frac{1}{\cos(-t)}$ se tiene que $\sec(-t) = \sec(t)$, por tanto secante es una función par.
6. **Crecimiento:** Secante es creciente en $\left(0, \frac{\pi}{2}\right) \cup \left(\frac{\pi}{2}, \pi\right)$ y decreciente en $\left(\pi, \frac{3\pi}{2}\right) \cup \left(\frac{3\pi}{2}, 2\pi\right)$.

4.3.6. Gráfica de la función Cosecante

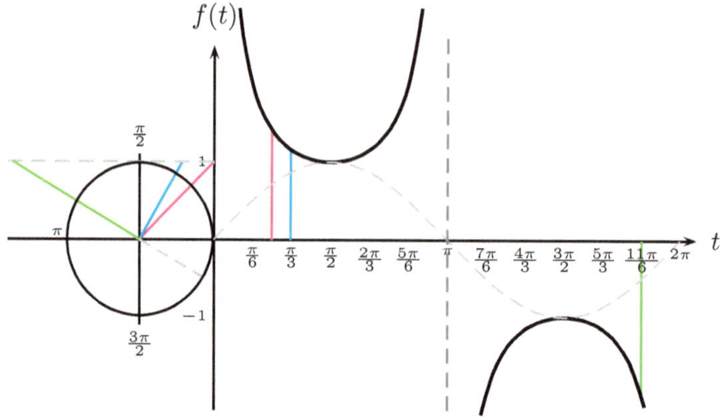

Figura 4.21: Gráfica de la función Cosecante

Características de la gráfica de la función Cosecante

1. **Asíntotas:** La gráfica de la función Cosecante tiene asíntotas verticales con ecuación
$$y = n\pi, \quad \text{con } n \in \mathbb{Z}.$$
2. **Periodo:** Tal como $\sec(A)$ es recíproca de $\cos(A)$, $\csc(A)$ es recíproca de $\sin(A)$ por tanto $P = 2\pi$.
3. **Dominio:** Teniendo en cuenta la periodicidad y la existencia de asíntotas verticales, el dominio de la función Cosecante es
$$Dom\,[\csc(t)] = (0, \pi) \cup (\pi, 2\pi).$$
4. **Rango:** Debido a la respectiva reciprocidad entre las ordenadas de $\csc(t)$ y $\sin(t)$, se tiene que
$$Ran\,[\csc(t)] = (-\infty, -1) \cup (1, \infty).$$
5. **Paridad:** Por ser $\sin(t)$ una función impar y $\csc(t)$ su recíproca, $\csc(-t) = -\csc(t)$, es decir, cosecante es una función impar.
6. **Crecimiento:** Cosecante es decreciente en los intervalos $\left(0, \frac{\pi}{2}\right)$ y $\left(\frac{3\pi}{2}, 2\pi\right)$, creciente en los intervalos $\left(\frac{\pi}{2}, \pi\right)$ y $\left(\pi, \frac{3\pi}{2}\right)$.

4.3.7. Gráfica de la función Cotangente

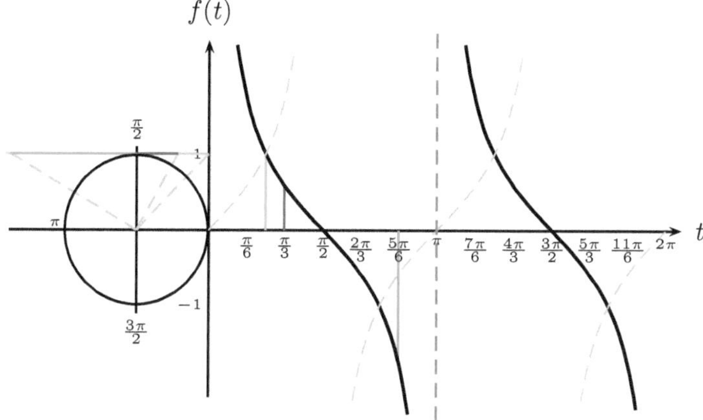

Figura 4.22: Gráfica de la función Cotangente

Características de la gráfica de la función Cotangente

1. **Asíntotas:** Cotangente tiene asíntotas de ecuación

$$t = n\pi, \quad \text{con } n \in \mathbb{Z}.$$

2. **Periodo:** Por ser recíproca de $\tan(A)$, $\cot(A)$ tiene periodo $P = \pi$.
3. **Dominio:** Debido a la periodicidad de la curva, $\cot(A)$ esta definida en el intervalo $(0, \pi)$.
4. **Rango:** $Ran[\cot(t)] = \mathbb{R}$.
5. **Paridad:** Debido a la reciprocidad de $\cot(t)$ con respecto a $\tan(t)$ y como esta última es impar, implica que $\cot(t)$ es impar.
6. **Crecimiento:** $\cot(t)$ es siempre decreciente.
7. **Ceros:** $\cot(t)$ tiene ceros en

$$\frac{n\pi}{2}, \quad \text{con } n \text{ impar.}$$

Una discusión similar a la desarrollada con el estudio de las curvas sinusoidales, de las curvas generadas por funciones $\tan(A)$, $\cot(A)$, $\sec(A)$ y $\csc(A)$ se deja como ejercicio para el lector.

Capítulo 5

Trigonometría Analítica

La trigonometría analítica se encarga del estudio algebraico de expresiones trigonométricas, para esto se hace uso de unos resultados generales a los cuales se recurre para comprobar la valides o no, de otros resultados, construyendo así simplificaciones de expresiones complejas.

La trigonometría analítica aborda el estudio de identidades y ecuaciones trigonométricas, en este orden de ideas se presentan primero procesos sugeridos de demostración de identidades para luego abordar la solución de ecuaciones a partir del uso de identidades trigonométricas.

5.1. Identidades Trigonométricas

DEFINICIÓN 5.1 Una identidad es una expresión algebraica o trigonométrica que esta definida para cualquier valor de la o las variables implicadas, ejemplo de ello es la expresión algebraica

$$(a-b)^2 = a^2 - 2ab + b^2,$$

verdadera para cualquier valor de a y b.

5.1.1. Identidades Fundamentales

Se consideran identidades fundamentales 8 resultados que permiten la deducción o simplificación de expresiones trigonométicas que también son identidades, incluso la solución de ecuaciones trigonométricas.

Identidades Recíprocas

De acuerdo a la definición de las razones trigonométricas estudiadas en el Capítulo 2, utilizando el círculo gonimétrico y la representación geométrica de las funciones trigonométricas, estudiada en el Capítulo 4, se deducen tres identidades recíprocas como sigue:

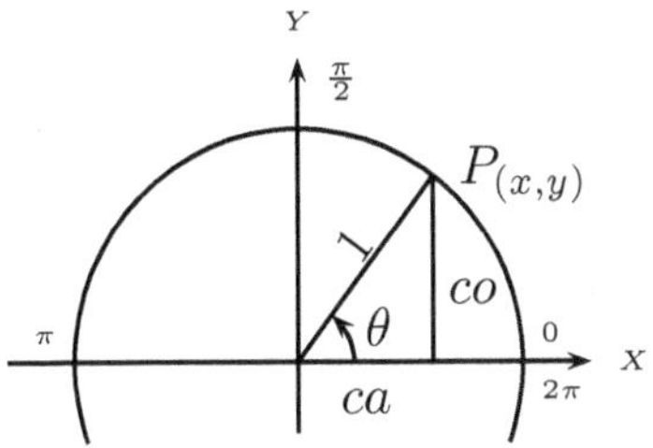

Figura 5.1: Círculo goniométrico.

$$\sec\theta = \frac{1}{\cos\theta} \tag{5.1}$$

Demostración. De acuerdo la definición de la razón trigonométrica de $\sec\theta = \frac{h}{ca}$ y el círculo goniométrico, $\sec\theta = \frac{1}{ca}$, ahora, de la línea trigonométrica correspondiente a $\cos\theta$ estudiada en la sección 4.1, se deduce que $\sec\theta = \frac{1}{\cos\theta}$. □

Mismo procedimiento se utiliza para deducir

$$\csc\theta = \frac{1}{\sin\theta} \tag{5.2}$$

La tercera identidad recíproca, corresponde a

$$\cot\theta = \frac{1}{\tan\theta} \tag{5.3}$$

Demostración. Del lado izquierdo de la igualdad

$$\cot\theta = \frac{ca}{co}$$

de acuerdo al círculo goniométrico y las respectivas líneas trigonométricas

$$\cot\theta = \frac{\cos\theta}{\sin\theta}. \tag{a}$$

Ahora, tomando el lado derecho, observando el círculo goniométrico y las líneas trigonométricas de $\sin\theta$ y $\cos\theta$

$$\begin{aligned}\frac{1}{\tan\theta} &= \frac{1}{\frac{\sin\theta}{\cos\theta}}\\ &= \frac{\cos\theta}{\sin\theta} \qquad \text{(b)}\end{aligned}$$

por último, igualando (a) y (b) se obtiene $\cot\theta = \frac{1}{\tan\theta}$. □

Identidades de Cociente

De la definición de las razones trigonométricas de $\tan\theta$ y $\cot\theta$ se tienen las dos identidades trigonométricas de cociente

$$\tan\theta = \frac{\sin\theta}{\cos\theta}, \tag{5.4}$$

$$\cot\theta = \frac{\cos\theta}{\sin\theta}. \tag{5.5}$$

Identidades Pitagóricas

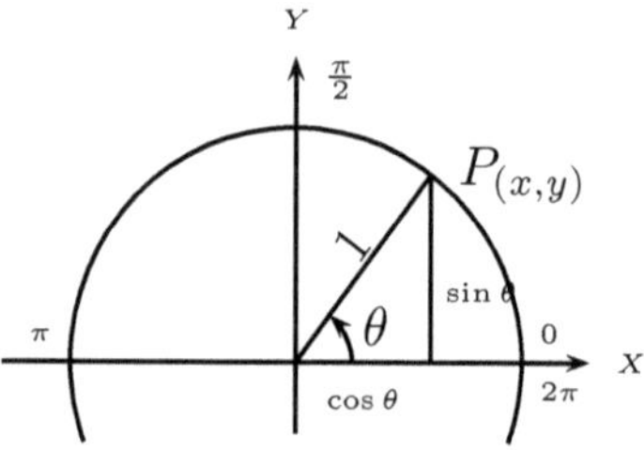

Figura 5.2: Círculo goniométrico.

De la aplicación del teorema de Pitágoras en el círculo goniométrico se tiene que

$$\sin^2\theta + \cos^2\theta = 1. \tag{5.6}$$

Ahora, tomando la anterior identidad, dividiendo ambos lados de la igualdad por $\sin^2\theta$

$$\frac{\sin^2\theta}{\sin^2\theta} + \frac{\cos^2\theta}{\sin^2\theta} = \frac{1}{\sin^2\theta}$$

se tiene finalmente,

$$1 + cot^2\theta = \csc^2\theta, \tag{5.7}$$

de igual manera, dividiendo por $\cos^2\theta$

$$\frac{\sin^2\theta}{\cos^2\theta} + \frac{\cos^2\theta}{\cos^2\theta} = \frac{1}{\cos^2\theta}$$

que corresponde a

$$tan^2\theta + 1 = \sec^2\theta. \tag{5.8}$$

CONCLUSIÓN 5.1: Identidades trigonométricas fundamentales

Identidades Recíprocas

$$\csc\theta = \frac{1}{\sin\theta} \quad\Leftrightarrow\quad \sin\theta\csc\theta = 1 \quad\Leftrightarrow\quad \sin\theta = \frac{1}{\csc\theta}, \quad \theta \neq n\pi \quad \text{(I)}$$

$$\sec\theta = \frac{1}{\cos\theta} \quad\Leftrightarrow\quad \cos\theta\sec\theta = 1 \quad\Leftrightarrow\quad \cos\theta = \frac{1}{\sec\theta}, \quad \theta \neq \frac{n\pi}{2}, n \text{ impar} \quad \text{(II)}$$

$$\cot\theta = \frac{1}{\tan\theta} \quad\Leftrightarrow\quad \cot\theta\tan\theta = 1 \quad\Leftrightarrow\quad \tan\theta = \frac{1}{\cot\theta}, \quad \theta \neq \frac{n\pi}{2} \quad \text{(III)}$$

Identidades de Cociente

$$\tan\theta = \frac{\sin\theta}{\cos\theta} \quad\Leftrightarrow\quad \cos\theta\tan\theta = \sin\theta \quad\Leftrightarrow\quad \cos\theta = \frac{\sin\theta}{\tan\theta}, \quad \theta \neq \frac{n\pi}{2}, n \text{ impar} \quad \text{(IV)}$$

$$\cot\theta = \frac{\cos\theta}{\sin\theta} \quad\Leftrightarrow\quad \cot\theta\sin\theta = \cos\theta \quad\Leftrightarrow\quad \sin\theta = \frac{\cos\theta}{\cot\theta}, \quad \theta \neq n\pi \quad \text{(V)}$$

Identidades Pitagóricas

$$\sin^2\theta + \cos^2\theta = 1 \quad\Leftrightarrow\quad \cos^2\theta = 1 - \sin^2\theta \quad\Leftrightarrow\quad \text{sen}^2\theta = 1 - \cos^2\theta \quad \text{(VI)}$$

$$\csc^2\theta - \cot^2\theta = 1 \quad\Leftrightarrow\quad \cot^2\theta = \csc^2\theta - 1 \quad\Leftrightarrow\quad \csc^2\theta = \cot^2\theta + 1 \quad \text{(VII)}$$

$$\sec^2\theta - \tan^2\theta = 1 \quad\Leftrightarrow\quad \tan^2\theta = \sec^2\theta - 1 \quad\Leftrightarrow\quad \sec^2\theta = \tan^2\theta + 1 \quad \text{(VIII)}$$

Uno de los usos más cotidianos de las identidades trigonométricas radica en la simplificación de expresiones trigonométricas o tranformación de algunas de éstas en otras equivalentes más simples, lo que se logra con la combinación del uso de indentidades trigonométricas y procedimientos algebraicos.

Existen varios procedimientos que suelen utilizarse para la verificación de identidades trigonométricas por lo que es difícil definir un procedimiento universal, sin embargo, a continuación se ejemplifican los procedimientos más generales.

Ejemplo 5.1 Verifique la identidad

$$\frac{1 - 2\cos^2 A}{\sin A \cos A} = \tan A - \cot A$$

Solución: Observando la expresión, se toma como lado inicial el lado izquierdo de la expresión ya que es más complejo que el lado derecho y se inicia aplicando una identidad pitagórica en el numerador para luego separar las fracciones y utilizar las identidades de cociente y de esta manera conseguir la expresión de la derecha.

$$\begin{aligned}\frac{1 - 2\cos^2 A}{\sin A \cos A} &= \frac{\sin^2 A + \cos^2 A - 2\cos^2 A}{\sin A \cos A}\\ &= \frac{\sin^2 A}{\sin A \cos A} - \frac{\cos^2 A}{\sin A \cos A}\\ &= \tan A - \cot A.\end{aligned}$$

Ejemplo 5.2 Compruebe que las expresiones son equivalentes

$$\frac{2\tan x}{1 - \tan^2 x} + \frac{1}{2\cos^2 x - 1} = \frac{\cos x + \sin x}{\cos x - \sin x}$$

Solución: Se toma como punto de partida la expresión de la derecha y se inicia multiplicándo por $\frac{\cos x+\sin x}{\cos x+\sin x}$[1]

$$\frac{\cos x+\sin x}{\cos x-\sin x}=\frac{(\cos x+\sin x)^2}{\cos^2 x-\sin^2 x},$$

al resolver el cuadrado en el numerador y reorganizar se obtiene una de las identidades pitagóricas para continuar separando las fracciones resultantes

$$\begin{aligned}\frac{\cos x+\sin x}{\cos x-\sin x}&=\frac{\cos^2 x+\sin^2 x+2\sin x\cos x}{\cos^2 x-\sin^2 x}\\&=\frac{1}{\cos^2 x-\sin^2 x}+\frac{2\sin x\cos x}{\cos^2 x-\sin^2 x},\end{aligned}$$

ahora, en la primera fracción se aplica la identidad pitagórica a $\sin^2 x$ y en la segunda se divide numerador y denominador por $\cos^2 x$

$$\frac{\cos x+\sin x}{\cos x-\sin x}=\frac{1}{2\cos^2 x-1}+\frac{2\tan x}{1-\tan^2 x}.$$

Ejemplo 5.3 Utilice las identidades trigonométricas fundamentales para demostrar la identidad

$$\frac{1-\cos x}{1+\cos x}=\frac{\sec x-1}{\sec x+1}=(\cot x-\csc x)^2$$

Solución: Otra forma de abordar la demostración de indentidades es llevar todos los lados de la igualdad al mismo resultado, para lo cual, en este caso, se aplica la identidad recíproca correspondiente en el centro y se resuelve el cuadrado al lado derecho utilizando finalmente las identidades de cociente y recíproca adecuadas, para factorizar el trinomio en el numerador, aplicar la identidad pitagórica en el denominador y simplificar.

$$\begin{aligned}\frac{1-\cos x}{1+\cos x}&=\frac{\frac{1}{\cos x}-1}{\frac{1}{\cos x}+1}\\&=\frac{1-\cos x}{1+\cos x}\end{aligned}\qquad\qquad\begin{aligned}&=\frac{\cos^2 x}{\sin^2 x}-\frac{2\cos x}{\sin^2 x}+\frac{1}{\sin^2 x}\\&=\frac{(1-\cos x)^2}{\sin^2 x}\\&=\frac{(1-\cos x)^2}{(1-\cos x)(1+\cos x)}\\&=\frac{1-\cos x}{1+\cos x}.\end{aligned}$$

[1]A este procedimiento se le conoce como multiplicar por 1.

Ejemplo 5.4 Utilice un contraejemplo para demostrar que la ecuación no es una identidad.

$$\tan^2 x + \tan x = 2\tan^3 x$$

Solución: Una identidad es una ecuación verdadera para cualquier valor de la variable, demostrar que una ecuación no es una identidad utilizando un contraejemplo significa evaluar la ecuación en un valor de la variable para el cual la ecuación no es verdadera, así, evaluando la ecuación propuesta en $\frac{\pi}{3}$, se tiene

$$\tan\left(\frac{\pi}{3}\right)\left(\tan\left(\frac{\pi}{3}\right)+1\right) \neq 2\tan^3\left(\frac{\pi}{3}\right)$$
$$\tan\left(\frac{\pi}{3}\right)+1 \neq \tan^2\left(\frac{\pi}{3}\right)$$
$$\sqrt{3}+1 \neq 3.$$

Ejercicios 5.1

1. Compruebe la identidad

   1.1) $(1 - cos\theta)(1 + sec\theta)\cot\theta = \sin\theta$

   1.2) $\frac{1-2\cos^2 A}{\sin A\cos A} = \tan A - \cot A$

   1.3) $\frac{1}{\sec\theta+\tan\theta} = \sec\theta - \tan\theta$

   1.4) $\tan\theta - \csc\theta\sec\theta\left(1 - 2\cos^2\theta\right) = \cot\theta$

   1.5) $\frac{\sin x+\tan x}{\cot x+\csc x} = \sin x\tan x$

   1.6) $\frac{\sin^3\theta+\cos^3\theta}{\sin\theta+\cos\theta} = 1 - \sin\theta\cos\theta$

   1.7) $\frac{\sin\theta\cos\theta}{\cos^2\theta-\sin^2\theta} = \frac{\tan\theta}{1-\tan^2\theta}$

   1.8) $(\tan x + \tan y)(1 - \cot x\cot y) + (\cot x + \cot y)(1 - \tan x\tan y) = 0$

   1.9) $(x\sin\theta - y\cos\theta)^2 + (x\cos\theta + y\sin\theta)^2 = x^2 + y^2$

   1.10) $(2r\sin\theta\cos\theta)^2 + r^2\left(\cos^2\theta - \sin^2\theta\right)^2 = r^2$

   1.11) $(r\sin\theta\cos\phi)^2 + (r\sin\theta\sin\phi)^2 + (r\cos\theta)^2 = r^2$

   1.12) $(\tan x + \cot x)^2 = \sec^2 x\csc^2 x$

   1.13) $\frac{\csc^2\alpha-1}{\sec^2\alpha-1} = \cot^4\alpha$

   1.14) $\frac{1}{\csc\alpha-1} - \frac{1}{\csc\alpha+1} = 2\tan^2\alpha$

   1.15) $\frac{\sin\beta}{1+\cos\beta} + \frac{1+cos\beta}{\sin\beta} = 2\csc\beta$

   1.16) $\frac{\cos\beta}{1+\sin\beta} = \frac{1-\sin\beta}{\cos\beta}$

   1.17) $\frac{\cos t}{\sec t-\tan t} = 1 + \sin t$

   1.18) $\sec x + \tan x = \frac{1}{\sec x-\tan x}$

1.19) $\csc^4\theta - \cot^4\theta = \csc^2\theta + \cot^2\theta$

1.20) $\tan^4\alpha + \tan^2\alpha = \sec^4\alpha - \sec^2\alpha - 1$

1.21) $\sin^3 t + \cos^3 t + \sin t\cos^2 t + \sin^2 t\cos t = \sin t + \cos t$

1.22) $\frac{\sin^3 t+\cos^3 t}{\sin t+\cos t} = 1 - \sin t\cos t$

1.23) $\frac{2\tan x}{1-\tan^2 x} + \frac{1}{2\cos^2 x-1} = \frac{\cos x+\sin x}{\cos x-\sin x}$

1.24) $\sec t\csc t + \cot t = \tan t + 2\cos t\csc t$

1.25) $\frac{1+\cos t}{\sin t} + \frac{\sin t}{1+\cos t} = 2\csc t$

1.26) $\frac{1+tan^2 v}{\tan^2 v} = \csc^2 v$

1.27) $\frac{\cos x\cot x}{\cot x-\cos x} = \frac{\cot x+\cos x}{\cos x\cot x}$

1.28) $(\sec u - \tan u)(\csc u + 1) = \cot u$

1.29) $\cos^4\theta + \sin^2\theta = \sin^4\theta + \cos^2\theta$

1.30) $\frac{\cos\beta}{1-\text{sen}\,\beta} = \sec\beta + \tan\beta$

1.31) $\frac{\tan^2 x}{\sec x+1} = \sec x - 1$

1.32) $\tan^4 k - \sec^4 k = 1 - 2\sec^2 k$

1.33) $\sec^4 u - \sec^2 u = \tan^4 u + \tan^2 u$

5.1.2. Identidades del ángulo suma y diferencia

A continuación se estudian resultados propicios para el análisis de funciones trigonométricas de suma y diferencia de números reales o ángulos; estas identidades permiten reducir expresiones que contienen sumas y diferencias de números reales o ángulos a expresiones de un número o ángulo "simples".

Identidades del coseno del ángulo suma y diferencia

Para determinar la identidad de $\cos(\alpha - \beta)$, en la Fig 5.3a se tienen los ángulos α y β (ambos en radianes) y se indica el ángulo $\alpha - \beta$ que en la Fig 5.3b aparece en posición normal, por tanto

$$d(P_1, P_2) = d(A, P_3). \qquad (*)$$

Resolviendo[2] el lado izquierdo se tiene

$$\begin{aligned} d^2(P_1, P_2) &= (\cos\alpha - \cos\beta)^2 + (\sin\alpha - \sin\beta)^2 \\ &= \cos^2\alpha + \sin^2\alpha + \cos^2\beta + \sin^2\beta - 2(\cos\alpha\cos\beta + \sin\alpha\sin\beta) \\ &= 2 - 2(\cos\alpha\cos\beta + \sin\alpha\sin\beta), \qquad (**) \end{aligned}$$

[2]Para lo cual se hace uso de la fórmula de la distancia en el Apéndice página 122

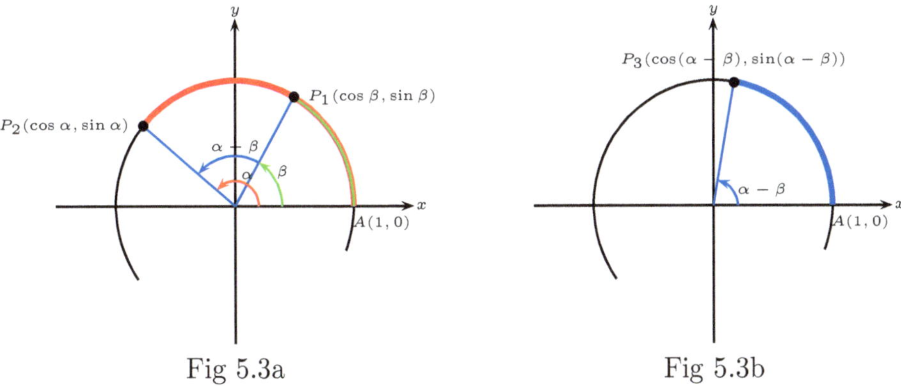

Figura 5.3: Demostración de $\cos(\alpha - \beta)$

y aplicando semejante procedimiento al lado derecho

$$\begin{aligned} d^2(A, P_3) &= [\cos(\alpha-\beta) - 1]^2 + \sin^2(\alpha-\beta) \\ &= \cos^2(\alpha-\beta) + \sin^2(\alpha-\beta) - 2\cos(\alpha-\beta) + 1 \\ &= 2 - 2\cos(\alpha-\beta). \end{aligned} \qquad (***)$$

Ahora, debido a $(*)$, igualando $(**)$ y $(***)$ se tiene

$$2 - 2(\cos\alpha\cos\beta + \sin\alpha\sin\beta) = 2 - 2\cos(\alpha-\beta),$$

que corresponde finalmente con

$$\cos(\alpha-\beta) = \cos\alpha\cos\beta + \sin\alpha\sin\beta, \qquad (5.9)$$

la identidad trigonométrica del coseno del ángulo diferencia.

Ahora, sustituyendo en (5.9) β por $-\beta$

$$\cos[\alpha - (-\beta)] = \cos\alpha\cos(-\beta) + \sin\alpha\sin(\beta)$$

y de acuerdo a la paridad de las funciones seno y coseno

$$\cos(\alpha+\beta) = \cos\alpha\cos\beta - \sin\alpha\sin\beta. \qquad (5.10)$$

se obtiene la identidad del coseno al ángulo suma.

Identidades del seno del ángulo suma y diferencia

Evaluando $\cos(\alpha-\beta)$ en $\alpha = \frac{\pi}{2}$

$$\begin{aligned} \cos\left(\frac{\pi}{2} - \beta\right) &= \cos\left(\frac{\pi}{2}\right)\cos\beta + \sin\left(\frac{\pi}{2}\right)\sin\beta \\ &= \sin\beta. \end{aligned} \qquad (\text{I})$$

Ahora, con $\alpha = \frac{\pi}{2}$ y $\beta = \left(\frac{\pi}{2} - x\right)$, de acuerdo a (I)

$$\begin{aligned} \sin\left(\frac{\pi}{2} - x\right) &= \cos\left[\frac{\pi}{2} - \left(\frac{\pi}{2} - x\right)\right] \\ &= \cos x. \end{aligned} \tag{II}$$

Haciendo $\beta = (x + y)$ en (I)

$$\begin{aligned} \sin(x + y) &= \cos\left[\frac{\pi}{2} - (x + y)\right] \\ &= \cos\left[\left(\frac{\pi}{2}\right) - y\right], \end{aligned}$$

aplicando (5.9)

$$\sin(x + y) = \cos\left(\frac{\pi}{2} - x\right)\cos y + \sin\left(\frac{\pi}{2} - x\right)\sin y$$

a través de (I) y (II)

$$\sin(x + y) = \sin x \cos y + \cos x \sin y, \tag{5.11}$$

que corresponde a la identidad de seno del ángulo suma.

Tomando $y = (-y)$ en (5.11)

$$\sin[x + (-y)] = \sin x \cos(-y) + \cos x \sin(-y)$$

de donde resulta

$$\sin(x - y) = \sin x \cos y - \cos x \sin y, \tag{5.12}$$

la identidad del seno del ángulo diferencia.

Identidades de tangente del ángulo suma y diferencia

A partir de (5.4)

$$\tan(x + y) = \frac{\sin(x + y)}{\cos(x + y)},$$

utilizando las identidades de seno y coseno del ángulo suma

$$\tan(x + y) = \frac{\sin x \cos y + \cos x \sin y}{\cos x \cos y - \sin x \sin y},$$

dividiendo numerador y denominador entre $\cos x \cos y$,

$$\tan(x + y) = \frac{\frac{\sin x \cos y}{\cos x \cos y} + \frac{\cos x \sin y}{\cos x \cos y}}{\frac{\cos x \cos y}{\cos x \cos y} - \frac{\sin x \sin y}{\cos x \cos y}},$$

se obtiene la identidad de tangente del ńgulo suma

$$\tan(x+y) = \frac{\tan x + \tan y}{1 - \tan x \tan y}. \tag{5.13}$$

Análogo procedimiento se sigue para demostrar la identidad de tangente del ángulo diferencia

$$\tan(x-y) = \frac{\tan x - \tan y}{1 + \tan x \tan y}. \tag{5.14}$$

CONCLUSIÓN 5.2: Identidades trigonométricas del ángulo suma y diferencia

$$\begin{aligned}
\sin(\alpha+\beta) &= \sin\alpha\cos\beta + \cos\alpha\sin\beta \\
\sin(\alpha-\beta) &= \sin\alpha\cos\beta - \cos\alpha\sin\beta \\
\cos(\alpha+\beta) &= \cos\alpha\cos\beta - \sin\alpha\sin\beta \\
\cos(\alpha-\beta) &= \cos\alpha\cos\beta + \sin\alpha\sin\beta \\
\tan(\alpha+\beta) &= \frac{\tan\alpha + \tan\beta}{1 - \tan\alpha\tan\beta} \\
\tan(\alpha-\beta) &= \frac{\tan\alpha - \tan\beta}{1 + \tan\alpha\tan\beta}
\end{aligned}$$

5.1.3. Identidades del ángulo doble y el ángulo mitad

Las identidades del ángulo doble se obtienen haciendo $\alpha = \beta$ en (5.10), (5.11) y (5.13), por tanto se deja como ejercicio al lector desarrollar este sencillo procedimiento de demostración.

CONCLUSIÓN 5.3a: Identidades trigonométricas del ángulo doble

$$\sin(2\alpha) = 2\sin\alpha\cos\alpha \tag{5.15}$$

$$\cos(2\alpha) = \cos^2\alpha - \sin^2\alpha \tag{5.16}$$

Formas alternativas de $\cos(2\alpha)$

$$\cos(2\alpha) = 1 - 2\sin^2\alpha$$

$$\cos(2\alpha) = 2\cos^2\alpha - 1$$

$$\tan(2\alpha) = \frac{2\tan\alpha}{1-\tan^2\alpha} \tag{5.17}$$

Formas alternativas de

$$\sin^2\alpha = \frac{1-\cos(2\alpha)}{2}$$

$$\cos^2\alpha = \frac{1+\cos(2\alpha)}{2}$$

$$\tan^2\alpha = \frac{1-\cos(2\alpha)}{1+\cos(2\alpha)}$$

Para demostrar las formas alternativas de $\cos(2\alpha)$ basta con utilizar la identidad pitagórica para $\cos^2\alpha$ y $\sin^2\alpha$ en cada caso; para las formas alternativas de $\sin^2\alpha$ y $\cos^2\alpha$ suficiente es despejar respectivamente en las dos anteriores y utilizando estos dos resultados se demuestra la forma alternativa de $\tan^2\alpha$.

CONCLUSIÓN 5.3b: Identidades trigonométricas del ángulo mitad

$$\sin\left(\frac{\alpha}{2}\right) = \pm\sqrt{\frac{1-\cos\alpha}{2}} \tag{5.18}$$

$$\cos\left(\frac{\alpha}{2}\right) = \pm\sqrt{\frac{1+\cos\alpha}{2}} \tag{5.19}$$

$$\tan\left(\frac{\alpha}{2}\right) = \pm\sqrt{\frac{1-\cos\alpha}{1+\cos\alpha}} \tag{5.20}$$

El signo + o − queda determinado por el cuadrante en el que se encuentra el ángulo.
Formas alternativas de $\tan\left(\frac{\alpha}{2}\right)$

$$\tan\left(\frac{\alpha}{2}\right) = \frac{1-\cos\alpha}{\sin\alpha}$$

$$\tan\left(\frac{\alpha}{2}\right) = \frac{\sin\alpha}{1+\cos\alpha}$$

Para las demostraciones de las identidades presentadas en la Conclusión 5.3b, ver el problema 2.23 de esta sección.

Ejemplo 5.5 Compruebe:

$$\cos^4 x = \frac{3}{8} + \frac{1}{2}\cos(2x) + \frac{1}{8}\cos(4x)$$

Solución: Haciendo uso de la forma alternativa de $\cos^2 x$ y de $\cos(2x)$ se resuelve simultáneamente derecha e izquierda

$$\begin{aligned}
\cos^4 x &= \frac{3}{8} + \frac{1}{2}\cos(2x) + \frac{1}{8}\cos(4x) \\
\left(\frac{1+\cos(2x)}{2}\right)^2 &= \\
\frac{1 + 2\cos(2x) + \cos^2(2x)}{4} &= \\
\frac{1}{4} + \frac{1}{2}\cos(2x) + \frac{1}{4}\cos^2(2x) &= \frac{3}{8} + \frac{1}{2}\cos(2x) + \frac{1}{8}\cos[2(2x)] \\
&= \frac{3}{8} + \frac{1}{2}\cos(2x) + \frac{1}{8}\left[2\cos^2(2x) - 1\right] \\
&= \frac{1}{4} + \frac{1}{2}\cos(2x) + \frac{1}{4}\cos^2(2x).
\end{aligned}$$

Un importante resultado que convina el estudio de las identidades trigonométricas con las gráficas de curvas sinusoidales es la reducción de suma de funciones senoidales y cosenoidales a una única función en terminos de seno o coseno, el siguiente teorema evita lo que en el capítulo 4 se mencionó como la suma de ordenadas permitiendo la reducción antes citada, siempre que el coeficiente B sea el mismo en cada una de las funciones que se suman.

Teorema 10.

$$a\cos(Bt) + b\sin(Bt) = A\cos(Bt - C) \tag{5.21}$$

en donde $A = \sqrt{a^2 + b^2}$ *y* $\tan C = \frac{b}{a}$.

Demostración. Resolviendo el lado derecho

$$A\cos(Bx - C) = A\cos(Bx)\cos C + A\sin(Bx)\sin C \tag{i}$$

haciendo $x = 0$ se tiene $a = A\cos C$, sustituyendo a en (i) se obtiene $b = A\sin C$, con lo cual

$$\begin{aligned}
a^2 + b^2 &= A^2\cos^2 C + A^2\sin^2 C \\
&= A^2\left(\cos^2 C + \sin^2 C\right) \\
\sqrt{a^2 + b^2} &= A.
\end{aligned}$$

Finalmente la razón $\frac{b}{a} = tanC$ se obtiene al intentar despejar C en cualquiera de a o b. □

Recordando que la gráfica de la función $\cos t$ corresponde a un desplazamiento de $\frac{\pi}{2}$ hacia la izquierda de la gráfica de la función seno, puede escribirse el teorema anterior en la forma

$$a\cos(Bt) + b\sin(Bt) = A\sin(Bt + C) \tag{5.22}$$

haciendo un desplazamiento opuesto de C unidades.

Ejercicios 5.2

2.1) $\cos(\alpha+\beta)+\cos(\alpha-\beta) = 2\cos\alpha\cos\beta$

2.2) $\frac{\operatorname{sen}(\alpha+\beta)}{\operatorname{sen}\alpha\cos\beta} = 1+\cot\alpha\tan\beta$

2.3) $\frac{\operatorname{sen}(\alpha+\beta)}{\cos\alpha\cos\beta} = \tan\alpha+\tan\beta$

2.4) $\frac{\cos(\alpha+\beta)}{\cos\alpha\cos\beta} = 1-\tan\alpha\tan\beta$

2.5) $\cot(\alpha+\beta) = \frac{\cot\alpha\cot\beta-1}{\cot\beta+\cot\alpha}$

2.6) $\sec(\alpha+\beta) = \frac{\csc\alpha\csc\beta}{\cot\alpha\cot\beta-1}$

2.7) $\sec(\alpha-\beta) = \frac{\sec\alpha\sec\beta}{1+\tan\alpha\tan\beta}$

2.8) $\cot 2\theta = \frac{\cot^2\theta-1}{2\cot\theta}$

2.9) Si $\tan\alpha = x+1$ y $\tan\beta = x-1$.
Demuestre que $2\cot(\alpha-\beta) = x^2$

2.10) $\cos^4\theta - \operatorname{sen}^4\theta = \cos 2\theta$

2.11) $\cot 2\theta = \frac{1}{2}(\cot\theta - \tan\theta)$

2.12) $(4\operatorname{sen}\theta\cos\theta)(1-2\operatorname{sen}^2\theta) = \operatorname{sen}4\theta$

2.13) $\frac{\cos 2\theta}{1+\operatorname{sen}2\theta} = \frac{\cot\theta-1}{\cot\theta+1}$

2.14) $\cot\theta\sin(2\theta) = 1+\cos(2\theta)$

2.15) $\frac{\sin^3 x-\cos^3 x}{\sin x-\cos x} = 1+\frac{1}{2}\sin(2x)$

2.16) $\frac{1-\sin(2A)}{\cos(2A)} = \frac{1-\tan A}{1+\tan A}$

2.17) $\frac{1+\cos(2\theta)}{\sin(2\theta)} = \cot\theta$

2.18) $\cos(3\theta) = 4\cos^3\theta - 3\cos\theta$

2.19) $\cos^4 x = \frac{3}{8}+\frac{1}{2}\cos(2x)+\frac{1}{8}\cos(4x)$

2.20) $\cos\alpha = 2\cos^2\left(\frac{\alpha}{2}\right)-1 = 1-2\operatorname{sen}^2\left(\frac{\alpha}{2}\right)$

2.21) $\frac{1-\tan\left(\frac{\alpha}{2}\right)}{1+\tan\left(\frac{\alpha}{2}\right)} = \frac{1-\operatorname{sen}\alpha}{\cos\alpha} = \frac{\cos\alpha}{1+\operatorname{sen}\alpha}$

2.22) De acuerdo al teorema 10 trace la gráfica y determine la Amplitud, el periodo y el desplazamiento de fase.

a) $y = \cos(\pi t) - \text{sen}(\pi t)$
b) $y = \text{sen}\left(\frac{\pi}{2}t\right) - \sqrt{3}\cos\left(\frac{\pi}{2}t\right)$
c) $y = \sqrt{3}\,\text{sen}(2t) + \cos(2t)$
d) $y = \sqrt{3}\cos(4t) - \text{sen}(4t)$

2.23 Demuestre las identidades del ángulo medio expuestas en la conclusión 5.3b.

5.2. Ecuaciones Trigonométricas

Una ecuación trigonométrica es una igualdad de expresiones trigono- métricas que es verdadera únicamente para algunos valores del ángulo.

Resolver ecuaciones trigonométricas significa encontrar el valor del ángulo para el cual la igualdad se cumple. Es necesario tener en cuenta que debido a la paridad de las funciones trigonométricas en el intervalo de 0 a 2π, una ecuación trigonométrica tiene por lo menos dos soluciones.

Sugerencias para resolver ecuaciones trigonométricas

- Expresar las funciones trigonométricas involucradas en términos de senos y cocenos.
- Llevar la ecuación a una igualdad a cero o un producto igualado a cero.
- Tener presente y utilizar el álgebra y las identidades trigonométricas.

Recordando los signos de las funciones trigonométricas determinados en el capítulo 2 se construye la tabla 5.1 que muestra como determinar las múltiples respuestas de una ecuación trigonométrica.

	$f(t) < 0$		$0 < f(t)$	
$f(t)$	t_1	t_3	t_1	t_2
$\sin t$	III	$2\pi - t_{1r}$	I	$\pi - t_1$
$\cos t$	II	$\pi + t_{1r}$	I	$2\pi - t_1$
$\tan t$	II	$2\pi - t_{1r}$	I	$\pi + t_1$

Tabla 5.1: Soluciones de ecuaciones trigonométricas.

Ejemplo 5.6 Resuelva para $x \in (0, 2\pi)$:

$$\cos x + \cos(2x) = 0$$

Solución:

$$\cos x + \cos^2 x - \sin^2 x = 0$$

$$2\cos^2 x + \cos x - 1 = 0$$

$$(\cos x + 1)(2\cos x - 1) = 0$$

este producto es 0 cuando $\cos x = -1$ ó $2\cos x - 1 = 0$. Del primer factor se deduce que $x_1 = \pi$ y del segundo factor $x_2 = \frac{\pi}{3}$ y $x_3 = 2\pi - x_2 = \frac{5\pi}{3}$.

Ejemplo 5.7 Encuentre las soluciones de la ecuación en el intervalo $(0, 2\pi)$.

$$2\cos x + 3\sin x = 2$$

Solución:

$$\begin{aligned} 2\cos x &= 2 - 3\sin x \\ 2\sqrt{1-\sin^2 x} &= 2 - 3\sin x \\ 5\sin^2 x - 12\sin x &= 0 \\ \sin x(5\sin x - 12) &= 0 \end{aligned}$$

de donde se obtiene la solución $x = 0$ ya que no existe solución en $x = \frac{12}{5}$ y para $x = -\pi$ la igualdad se rompe al ser $\cos x = -1$.

Ejercicios 5.3

Resuelva cada una de las siguientes ecuaciones en el intervalo $[0, 2\pi)$

3.1) $\sin(2x) + \sin x = 0$

3.2) $\cos x + \cos(2x) = 0$

3.3) $\sin(2x) = -\frac{\sqrt{3}}{2}$

3.4) $\tan(3x) = 1$

3.5) $\cos\left(\frac{x}{2}\right) = \frac{\sqrt{3}}{2}$

3.6) $\cot\left(\frac{x}{3}\right) = 1\frac{1}{\sqrt{3}}$

3.7) $\sin\left(\frac{x}{2}\right) + \cos x = 1$

3.8) $2\cos^2 t + 3\cos t + 1 = 0$

3.9) $2\sin^3 x + \sin^2 x - 2\sin x - 1 = 0$

3.10) $2\tan t\csc t + 2\csc t + \tan t + 1 = 0$

3.11) $2\sin v\csc v - \csc v = 4\sin v - 2$

3.12) $\tan(2x) = \tan x$

3.13) $\tan(2t) - 2\cos t = 0$

3.14) $\sin\left(\frac{u}{2}\right) + \cos u = 1$

3.15) $2 - \cos^2 x = 4\sin^2\left(\frac{x}{2}\right)$

3.16) $\tan^2 x + \left(\sqrt{3}+1\right)\tan x - \sqrt{3} = 0$

3.17) $\sin(2\theta) + 2\sin\theta - 2\cos\theta = 2$

3.18) $\sin^4 x - 2\sin^2 x + 1 = 0$

3.19) $\tan^4\theta - 2\sec^2\theta + 3 = 0$

3.20) $\frac{1+\cos\theta}{\cos\theta} = 2$

3.21) $\sqrt{\frac{1+2\,\mathrm{sen}\,x}{2}} = 1$

3.22) $\sin x + \sqrt{\sin x} = 0$

3.23) $\cos\theta - \sqrt{\cos\theta} + 0$

3.24) $\cos\theta\sqrt{1+\tan^2\theta} = 1$

En los ejercicios 25 a 30, determine si la igualdad es una ecuación o una identidad, si es una ecuación resuélvala para todos los valores del ángulo en el intervalo $[0, 2\pi)$. Si es una identidad, compruébela.

3.25) $\cot x \tan x = \csc x \sec x$

3.26) $1 - \tan^2 x = \tan x \sec x$

3.27) $\sin(3x) - \sin x = \cos(2x)$

3.28) $\cos(4x) + \cos^2(2x) = 1$

3.29) $\sin^2(4x) + \cos^2(2x) = 1$

3.30) $\tan(2x) - \tan x = \tan x \sec(2x)$

En los ejercicios 31 a 38, encuentre los tres primeros intersecos t positivos de la gráfica de la función dada.

3.31) $f(t) = -5\sin(3t + \pi)$

3.32) $f(t) = 2\cos\left(t + \frac{\pi}{4}\right)$

3.33) $f(t) = 2 - \sec\left(\frac{\pi}{2}t\right)$

3.34) $f(t) = 1 + \cos(\pi t)$

3.35) $f(t) = \mathrm{sen}\,t + \tan t$

3.36) $f(t) = 1 - 2\cos\left(t + \frac{\pi}{3}\right)$

3.37) $f(t) = \sin t = \sin(2t)$

3.38) $f(t) = \cos t + \cos(3t)$

Capítulo 6

Cónicas

A continuación se abordan las curvas cónicas a partir de sus definiciones, se construyen las ecuaciones que las representan dejando así una recopilación de las demostraciones y elaborando un compilado de los resultados que permiten estudiarlas directamente.

Se hace una compilación general de la geometría analítica plana que se aborda a partir de tres curvas básicas *Parábola, Elipse e Hipérbola* presentando los demás resultados como degeneraciones de estas tres curvas.

La ecuación general de segundo grado

$$Ax^2 + Bxy + Cy^2 + Dx + Ey + F = 0 \tag{6.1}$$

tiene coeficiente $B \neq 0$ cuando existe una rotación de la curva generada. Se inicia el estudio con el caso no rotado,

$$Ax^2 + Cy^2 + Dx + Ey + F = 0 \tag{6.2}$$

lo que viene a explicar la ausencia de coeficiente B en todas las ecuaciones que se mencionan a continuación.

6.1. PARÁBOLA

DEFINICIÓN 6.1 Una parábola es el lugar geométrico descrito por un punto que se mueve en el plano y que conserva su distancia a una recta fija llamada *directriz* (d) y a un punto fijo llamado *foco* (F).

La recta perpendicular a la directriz, que pasa por el foco, se denomina *eje de la parábola*, el punto medio (D) del segmento que va desde el punto de

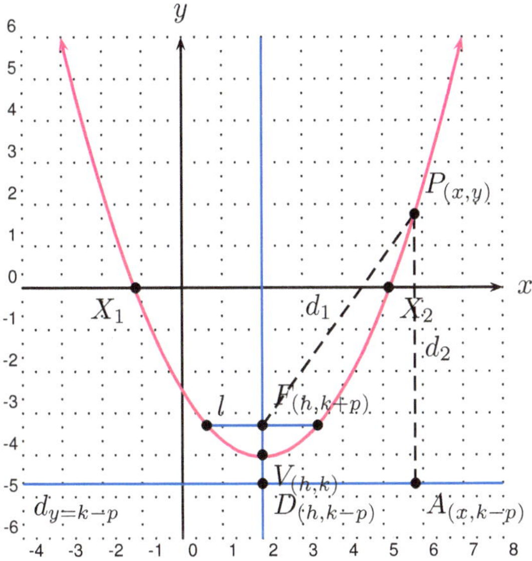

Figura 6.1: Parábola de vértice (h,k) y eje vertical.

intersección del eje con la directriz hasta el foco, se denomina *vértice* (V) y es el punto de inflexión mínimo o máximo de la curva.[1]

La distancia entre el vértice y el foco es denotada p. El segmento de recta perpendicular al eje, que pasa por el foco y tiene extremos sobre la parábola, se denomina *lado recto* (l), su longitud equivale a cuatro veces la distancia del vértice al foco ($4p$), finalmente las raices o ceros de la parábola están notados por X_1 y X_2 ó Y_1 y Y_2 según la parábola tenga eje vértical u horizontal. La figura (6.1) deja ver los detalles de una parábola con centro $C(h,k)$ y eje vertical.

6.1.1. Forma normal de la parábola

Como quedará establecido en el estudio de la elipse, las formas normal y general de cualquiera de las cónicas cuyo punto de referencia (bien el centro o el vértice) este sobre un punto fuera del origen (h,k) son una generalización para los casos en que este punto coincide con el origen, por tanto se tratan únicamente los casos de la parábola con vértice en $V(h,k)$. La parábola puede tener eje paralelo a uno de los ejes coordenados (horizontal o vertical) o en el caso de una parábola rotada, eje oblicuo.

Para construir la forma normal de la ecuación de una parábola, se parte de la definición, inicialmente se trata de la parábola mostrada en la figura (6.1), vértice $V(h,k)$ y eje vertical.

[1]Léase punto de inflexión el punto en el que el sentido de la concavidad de la curva cambia siempre que en ese punto haya una recta de pendiente 0, tangente a la curva.

De la definición (3)

$$d_1 = d_2$$

Aplicando la ecuación de la distancia y resolviendo

$$\begin{aligned}
\sqrt{(x-h)^2 + [y-(k+p)]^2} &= \sqrt{[y-(k-p)]^2} \\
(x-h)^2 + [y-(k+p)]^2 &= y^2 - 2y(k-p) + (k-p)^2 \\
(x-h)^2 + y^2 - 2y(k+p) + (k+p)^2 &= y^2 - 2y(k-p) + (k-p)^2 \\
-2ky + 2py + (k-p)^2 &= (x-h)^2 - 2ky - 2py + (k+p)^2 \\
4py + k^2 - 2kp + p^2 &= (x-h)^2 + k^2 + 2kp + p^2 \\
4py - 4pk &= (x-h)^2
\end{aligned}$$

Finalmente factorizando el lado izquierdo se obtiene

$$4p(y-k) = (x-h)^2. \tag{6.3}$$

La ecuación (6.3) permite tener fácilmente los puntos notables de la parábola mencionados en la definición (6.1), sin embargo para ver más fácilmente como llegar a las raices o ceros se tiene que éstos aparecen cuando $y = 0$, por tanto

$$4p(y-k) = (x-h)^2,$$

que, siendo $y = 0$, se reduce a:

$$\begin{aligned}
-4kp &= (x-h)^2 \\
\sqrt{-4kp} + h &= x.
\end{aligned}$$

Por comodidad haremos $\lambda = -4kp$ ya que volveremos sobre λ al estudiar la degeneraciones de la parábola. Respecto a las raices se tiene que:

a) Si $\lambda > 0$ existen dos raices reales diferentes,

b) si $\lambda = 0$ con $k = 0$, existen dos raices reales iguales,

c) finalmente, si $\lambda < 0$ no exiten raices reales.

Teorema 11. *La forma normal de la ecuación de una parábola tiene dos representaciones de acuerdo a si su eje es vertical u horizontal.*

(T11.1) *Parábola con vértice $V(h,k)$ y eje vertical.*

La ecuación (6.3) representa esta parábola cuyo foco se encuentra en $F(h, k+p)$, los extremos del lado recto tienen coordenadas $(h \mp 2p, k+p)$, la directriz tiene ecuación $d: y = k - p$, de acuerdo a λ, existen dos raices diferentes en $\left(\sqrt{\lambda} + h, 0\right)$, dos raices iguales en $(h, 0)$ o ninguna raíz real, finalmente la parábola abre hacia arriba si $p > 0$ o hacia abajo si $p < 0$.

(T11.2) *Parábola con vértice $V(h,k)$ y eje horizontal.*

Esta parábola tiene ecuación

$$4p(x-h)=(y-k)^2. \tag{6.4}$$

el foco tiene coordenadas $F(h+p,k)$, los extremos de los lados rectos se encuentran en $(h+p,k\mp 2p)$ y su directriz tiene ecuación $d: x=h-p$, en este caso $\lambda=-4hp$ y define dos raices reales diferentes en $\left(0,\sqrt{\lambda}+k\right)$, dos raices iguales en $(0,k)$ o ninguna raíz real. Esta parábola abre hacia la derecha si $p>0$ y hacia la izquierda si $p<0$.

La demostración de las coordenadas de los extremos de los lados rectos en ***T11.1*** se sigue de que el lado recto tiene ecuación $y=k+p$ con lo cual sus extremos tienen ordenada $k+p$, con eso y como estos puntos estan, por definición, sobre la parábola, haciendo una sustitución de y en (6.3) y despejando x se llega a la abscisa de los extremos del lado recto, como sigue

$$\begin{aligned} 4p(k+p-k) &= (x-h)^2 \\ 4p^2 &= (x-h)^2 \\ \pm 2p &= x-h \\ \pm 2p+h &= x. \end{aligned}$$

La segunda parte de la demostración del teorema 4 se deja como propuesta de ejercitación para el lector ya que se sigue del mismo razonamiento utilizado en la demostración de la primera parte.

6.1.2. Forma general y degeneraciones de la parábola

La forma general de cualquier cónica no rotada presentada en (6.2) permite determinar de que cónica se trata a partir de sus coeficientes, esta es una manera más global de estudiar las cónicas ya que una sola expresión representa todos los resultados posibles mientras que la forma normal es específica en cada caso.

A continuación se presentan los procedimientos algebraicos utilizados para llegar de una forma a la otra y por tanto también se dejan ver los resultados generalizados, luego se muestra una clasificación de las degeneraciones de la parábola de acuerdo a las características de los coeficientes de su forma general para pasar a estudiar las especificaciones de los casos degenerados.

Obtención de la forma general a partir de la forma normal de una parábola.

A partir de (6.3), se tiene

$$\begin{aligned} 4p(y-k) &= (x-h)^2 \\ 4py - 4kp &= x^2 - 2hx + h^2 \\ x^2 - 2hx - 4py + 4kp + h^2 &= 0, \end{aligned}$$

que puede expresarse como

$$Ax^2 + Dx + Ey + F = 0,$$

donde $D = -2h, E = -4p$ y $F = 4kp + h^2$. Aplicando igual análisis a (6.4)

$$\begin{aligned} 4p(x-h) &= (y-k)^2 \\ 4px - 4hp &= y^2 - 2ky + k^2 \\ y^2 - 4px - 2ky + 4hp + k^2 &= 0, \end{aligned}$$

que igualmente puede expresarse de manera general como

$$Cy^2 + Dx + Ey + F = 0,$$

con $D = -4p, E = -2k$ y $F = 4hp + k^2$.

CONCLUSIÓN 6.1: la ecuación

$$Ax^2 + Cy^2 + Dx + Ey + F = 0$$

representa:
(i) Una parábola de eje vertical si $C = 0$,
(ii) Una parábola de eje horizontal si $A = 0$.

Obtención de la forma normal a partir de la forma general de la parábola

La conclusión (6.1) deja ver dos casos de la forma general de una parábola, la obtención, en cualquiera de los casos, de la forma normal se consigue completando el cuadrado en la variable de mayor orden en el polinomio, es decir si es una parábola de eje vertical se completa el cuadrado en x y análogamente, si es una parábola de eje horizontal se completar el cuadrado en y.

A continuación se presenta el caso de la parábola con eje vertical.

$$
\begin{aligned}
Ax^2 + Dx + Ey + F &= 0\\
x^2 + \frac{D}{A}x + \frac{D^2}{4A^2} &= \frac{D^2}{4A} - \frac{E}{A}y - \frac{F}{A}\\
\left(x + \frac{D}{2A}\right)^2 &= \frac{D^2 - 4AF - 4AEy}{4A^2}\\
\left(x + \frac{D}{2A}\right)^2 &= -\frac{E}{A}\left(y + \frac{4AF - D^2}{4AE}\right).
\end{aligned}
$$

De manera similar para la parábola de eje horizontal

$$
\begin{aligned}
Cy^2 + Dx + Ey + F &= 0\\
y^2 + \frac{E}{C}y + \frac{E^2}{4C^2} &= -\frac{F}{C} + \frac{E^2}{4C^2} - \frac{D}{C}x\\
\left(y + \frac{E}{2C}\right)^2 &= \frac{E^2 - 4CF - 4CDx}{4C^2}\\
\left(y + \frac{E}{2C}\right)^2 &= -\frac{D}{C}\left(x + \frac{4CF - E^2}{4CD}\right).
\end{aligned}
$$

Degeneraciones de la parábola

La parábola se degenera en rectas paralelas, rectas coincidentes o ningún punto cuando además de los coeficientes A y C alguno de los coeficientes, D o E correspondientemente, también es cero.

En el caso en que una de las anteriormente nombradas parejas de coeficientes sea nula, la ecuación general de la parábola se reduce a un polinomio de grado dos en una variable (bien x o y) luego si en ese polinomio las raices son reales diferentes se tendrán dos rectas paralelas, si son raices reales iguales se tendrán rectas coincidentes y en caso de que sean raices complejas la ecuación no representa ningún punto.

Estos resultados se exponen más claramente en la siguiente ampliación de la conclusión (6.1).

AMPLIACIÓN DE LA CONCLUSIÓN 6.1: la ecuación

$$Ax^2 + Cy^2 + Dx + Ey + F = 0$$

representa:
(i) Una parábola de eje vertical si C=0,
si E es también cero

$$Ax^2 + Dx + F = 0$$

representa:
(ia) Dos rectas paralelas al eje y si sus raices son reales diferentes, estas rectas tendrán ecuaciones $x = r_1$ y $x = r_2$, siendo r_1 y r_2 las raices del polinomio $Ax^2 + Dx + F = 0$.
(ib) Rectas coincidentes siempre que r_1 y r_2 sean iguales.
(ic) Ningún punto si las raices del polinomio $Ax^2 + Dx + F = 0$ son complejas.

De manera análoga
(ii) Parábola de eje horizontal si A=0,
y siempre que D sea también cero

$$Cy^2 + Ey + F = 0$$

representa
(iia) Dos rectas paralelas al eje x si sus raices son reales diferentes, las ecuaciones correspondientes a estas rectas serán $y = r_1$ y $y = r_2$, con r_1 y r_2 las raices del polinomio $Cy^2 + Ey + F = 0$.
(iib) Rectas coincidentes siempre que r_1 y r_2 sean iguales.
(iic) Ningún punto si las raices del polinomio $Cy^2 + Ey + F = 0$ son complejas.

Una acotación importante respecto a las degeneraciones de la parábola recae en la constante λ utilizada para determinar los ceros de la parábola, ya que las ecuaciones de las rectas coinciden con los resustados generados por esta constante.

OBSERVACIÓN 6.1: La llamada fórmula cuadŕatica

$$x_{1,2} = \frac{-b \pm \sqrt{b^2 - 4ac}}{2a}$$

permite encontrar las raices de un polinomio de la forma $ax^2 + bx + c = 0$.
Respecto al discriminante $b^2 - 4ac$
(i) Si $b^2 - 4ac > 0$ las raices con reales diferentes.
(ii) Si $b^2 - 4ac = 0$ las raices son iguales.
(iii) Si $b^2 - 4ac < 0$ las raices son complejas.

Ejemplos

(Eje-4) Hallar la ecuación de la parábola cuyos vértice y foco son los puntos $(-4, 3)$ y $(-1, 3)$, respectivamente. Hallar también las ecuaciones de su directriz y su eje.

Solución: De acuerdo a las coordenadas del vértice y foco, la parábola tiene eje horizontal y abre hacia la derecha; utilizando la ecuación de la distancia puede determinarse el valor de la constante $p = 3$, con lo cual la ecuación normal y general de la parábola son, respectivamente

$$12(x+4) = (y-3)^2$$
$$y^2 - 12x - 6y - 39 = 0.$$

Finalmente la ecuación de la directriz es $x = -7$ y la ecuación del eje es $y = 3$.

(Eje-5) Hallar la ecuación de la parábola cuyo eje es paralelo al eje X y que pasa por los tres puntos $(0, 0), (8, -4)$ y $(3, 1)$.

Solución: El que el eje de la parábola sea paralejo al eje X deja ver que los puntos dados deben satisfacer la ecuación $Cy^2 + Dx + Ey + F = 0$, ahora como $C \neq 0$ toda la ecuación puede dividirse en C para reducir a tres el número de variables a resolver con un sistema de igual número de ecuaciones.

$$y^2 + \frac{D}{C}x + \frac{E}{C}y + \frac{F}{C} = 0,$$

de tal forma que $D' = \frac{D}{C}, E' = \frac{E}{C}$ y $F' = \frac{F}{C}$, así

$$F' = 0, \tag{I}$$
$$16 + 8D' - 4E' + F' = 0, \tag{II}$$
$$1 + 3D' + E' + F' = 0. \tag{II}$$

Sustituyendo F' se reduce al sistema 2×2

$$8D' - 4E' = -16, \tag{i}$$
$$3D' + E' = -1, \tag{ii}$$

de (ii), $E' = -3D' - 1$, que al sustituirse en (i) hace $D' = -1$, luego $E' = 2$; entonces la ecuación general de la parábola es

$$y^2 - x + 2y = 0,$$

y la respectiva ecuación normal es

$$(y+1)^2 = x + 1.$$

(Eje-6) Encuentre la ecuación de la parábola que tiene foco en $F(6,4)$ y directriz $y = -2$.

Solución: Por la ecuación de la directriz puede verse que la parábola mencionada tiene eje vertical, así como de la distancia entre la directriz y el foco se deduce que el vértice tiene coordenadas $V(6,1)$ y por tanto la constante $p = 3$, con esto se obtiene la ecuación normal de la parábola

$$(x-6)^2 = 12(y-1),$$

de donde se deduce la ecuación general

$$x^2 - 12x - 12y + 48 = 0.$$

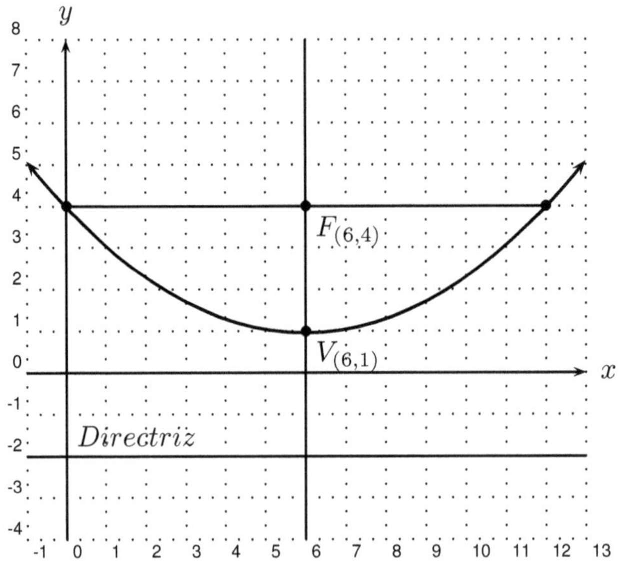

Figura 6.2: Parábola de Foco $(6,4)$ y directriz $y = -2$.

Problemas 1: Problemas generales

En los ejercicios del 1 al 10 reduzca la ecuación a la forna normal y encuentre las coordenadas de los puntos notables de la parábola. En cada caso trace la gráfica correspondiente.

1) $4y^2 - 48x - 20y = 71$.
2) $4x^2 + 48y + 12x = 159$.
3) $9x^2 + 24x + 72y + 16 = 0$.
4) $y^2 + 4x = 7$.
5) $x^2 + 20y = 10$.
6) $y = \frac{1}{8}x^2 - \frac{1}{2}x - \frac{3}{2}$.
7) $x = -\frac{1}{4}y^2 - \frac{3}{2}y - 2$.
8) $y = \frac{x^2}{16} + \frac{x}{2}$.
9) $y^2 - 12x - 14y + 25 = 0$.
10) $x^2 - 6x - 4y + 13 = 0$.

En cada uno de los ejercicios 11 - 14, encontrar la ecuación general de la parábola, reducirla a su forma normal y trazar su correspondiente gráfica dejando indicados todos sus puntos notables.

11) Foco $F(3,4)$, directriz $x-1=0$.

12) Foco $(3,-5)$, directriz $y-1=0$.

13) Vértice $(2,0)$, Foco $(0,0)$.

14) Foco $(-1,1)$, directriz $x-5=0$.

15) Hallar la ecuación normal y general de la parábola de vértice el punto $(4,-1)$, eje la recta $y+1=0$ y que pasa por el punto $(3,-3)$. Trazar la gráfica correspondiente.

16) Encontrar las ecuaciones correspondientes a la parábola cuyo vértice tiene coordenadas $(-3,5)$, su eje es paralelo al eje X y pasa por el punto $A(5,9)$. Representar graficamente la parábola.

17) Encontrar las ecuaciones presentar la gráfica de la parábola que tiene eje horizontal y pasa por los puntos $A(2,1), B(6,2)$ y $C(12,-1)$.

18) Hallar la ecuación de la parábola cuyo eje es paralelo al eje X y pasa por los puntos $\left(\frac{3}{2},-1\right),(0,5)$ y $(-6,-7)$.

En los ejercicios del 19 al 25, determine si la ecuación dada describe una parábola, dos rectas, rectas coincidentes o ningún punto, de ser una parábola la determine todos sus puntos notables y en cualquier caso presente la gráfica correspondiente.

19) $2x^2-3x+\frac{6}{5}$

20) $y^2-2y-3=0$

21) $2y^2+y=-2$

22) $\frac{3}{2}x^2+\frac{7}{2}x+\frac{3}{2}$

23) $x^2=0$

24) $y^2-3x+2y-3=0$

25) $y^2+12y-3=0$

6.2. ELIPSE

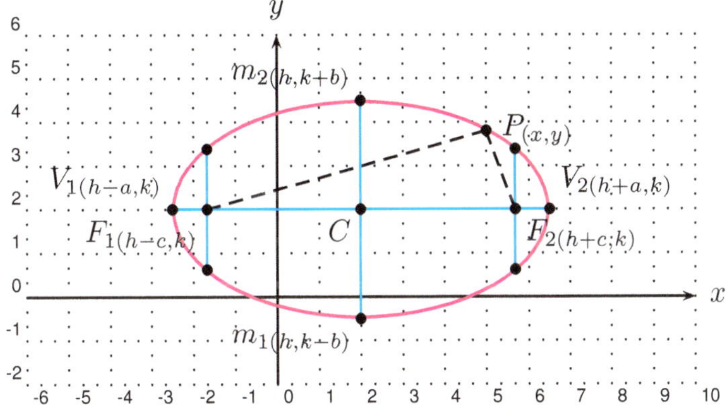

Figura 6.3: Elipse con centro $C(h,k)$ y eje focal horizontal.

DEFINICIÓN 6.2 Una *elipse* es el lugar geométrico de un punto que se mueve en un plano de tal manera que la suma de sus distancias a dos puntos fijos de ese plano es siempre igual a una constante, mayor que la distancia entre los dos puntos.

Los dos puntos fijos se llaman *focos*. Se han designado a los focos F_1 y F_2 respectivamente (Ver Figura 6.3). La recta que contiene los focos, se denomina *eje focal*. Los puntos de intersección de la elipse con el eje focal se denominan *vértices* y se han designado a V_1 y V_2 para denotarlos respectivamente. El segmento que une los vértices se denomina *eje mayor*. El punto medio del eje mayor se llama *centro*. El segmento perpedicular al eje mayor, que une los puntos m_1 y m_2 se denomina *eje menor*. La recta que lo contiene se llama *eje normal*.

Si P es un punto cualquiera de la elipse, los segmentos $\overline{F_1P}$ y $\overline{F_2P}$ que unen los focos con el punto P se llaman *radios vectores* de P. Se denominan *lados rectos* a los segmentos de recta perpendiculares al eje mayor que tienen punto medio cada uno de los focos y excentricidad a la razón, siempre menor que uno, $e = \frac{c}{a}$.

6.2.1. Forma normal de la elipse

La forma normal de cualquiera de las secciones cónicas es una expresión factorizada de donde fácilmente se obtienen los puntos que describen la curva, es bueno recordar que un resumen claro del objetivo de la geometría analítica es *"dada una ecuación, hallar su gráfica y recíprocamente, dada su gráfica, hallar la ecuación que la representa"*. La anterior afirmación contiene los dos problemas fundamentales de la geometría analítica.

Centro C(h,k)

El caso de centro el origen es un caso particular ya que se hace $h = 0$ y $k = 0$, por esta razón no se presenta un estudio particular de dicho caso y por el contrario a continuación se hace una completa discusión del caso centro fuera del origen iniciando con la elipse de eje focal horizontal.

En seguida de obtiene la ecuación normal de la elipse de eje focal horizontal y centro $C(h, k)$ aplicando la definición de elipse y resolviendo el álgebra.

Inicalmente, los radios vectores

$$\overline{F_1P} = \sqrt{[x-(h-c)]^2 + (y-k)^2} \text{ y } \overline{F_2P} = \sqrt{[x-(h+c)]^2 + (y-k)^2}$$

$$\overline{F_1P} + \overline{F_2P} = 2a$$

$$\sqrt{[x-(h-c)]^2 + (y-k)^2} = 2a - \sqrt{[x-(h+c)]^2 + (y-k)^2}$$

Por facilitar la escritura se hace $u = [x - (h + c)]^2 + (y - k)^2$

$$\begin{aligned}
4a^2 - 4a\sqrt{u} + [x - (h + c)]^2 + (y - k)^2 &= [x - (h - c)]^2 + (y - k)^2 \\
-2x(h - c) + (h - c)^2 + 2x(h + c) - (h + c)^2 &= 4a^2 - 4a\sqrt{u} \\
4cx - 4ch - 4a^2 &= -4a\sqrt{u} \\
c^2(x - h)^2 - 2a^2c(x - h) + a^4 &= a^2u
\end{aligned}$$

Sustituyendo u y resolviendo los cuadrados

$$\begin{aligned}
\frac{c^2(x - h)^2}{a^2} + a^2 &= x^2 - 2hx + h^2 + c^2 + y^2 - 2ky + k^2 \\
\frac{c^2(x - h)^2}{a^2} + a^2 &= (x - h)^2 + (y - k)^2 + c^2 \\
\frac{c^2(x - h)^2}{a^2} - (x - h)^2 - (y - k)^2 &= c^2 - a^2 \\
\frac{(x - h)^2\left(c^2 - a^2\right)}{a^2} - (y - k)^2 &= c^2 - a^2
\end{aligned}$$

Multiplicando por -1 y haciendo $b^2 = a^2 - c^2$

$$\frac{b^2(x - h)^2}{a^2} + (y - k)^2 = b^2$$

$$\frac{(x - h)^2}{a^2} + \frac{(y - k)^2}{b^2} = 1. \qquad (6.5)$$

Los lados rectos de la elipse tienen puntos extremos en $\left(h \mp c, \mp\frac{b^2}{a} + k\right)$.
PRUEBA
Resolviendo (6.5) con $x = h \mp c$

$$\begin{aligned}
\frac{[(h \mp c) - h]^2}{a^2} + \frac{(y - k)^2}{b^2} &= 1 \\
(y - k)^2 &= b^2\left(\frac{a^2 - c^2}{a^2}\right) \\
y &= \mp\frac{b}{a}\sqrt{a^2 - c^2} + k \\
y &= \mp\frac{b^2}{a} + k.
\end{aligned}$$

El teorema doce expresa la generalización de este caso.

Teorema 12. *Una elipse con centro $C(h, k)$ tiene dos formas para su ecuación normal.*

(T12.1) Elipse con eje mayor horizontal *tiene centro en* $C(h,k)$, *coordenadas de los vértices* $V(h \mp a, k)$ *y longitud del eje mayor* $2a$, *coordenadas de los focos* $F(h \mp c, k)$, *coordenadas de los menores* $m(h, k \mp b)$ *y longitud del eje menor* $2b$, *coordenadas de los extremos de los lados rectos* $\left(h \mp c, \mp\frac{b^2}{a} + k\right)$ *y excentricidad* $e = \frac{c}{a} < 1$. *La ecuación (6.5) representa esta elipse.*

(T12.2) Elipse con eje mayor vertical *tiene centro en* $C(h,k)$, *coordenadas de los vértices* $V(h, k \mp a)$, *las coordenadas de los focos* $F(h, k \mp c)$, *coordenadas de los menores* $m(h \mp b, k)$, *las coordenadas de los extremos de los lados rectos* $\left(\mp\frac{b^2}{a} + h, k \mp c\right)$, *finalmente la excentricidad coincide con la excentricidad de la elipse de eje mayor horizontal. La ecuación que representa a una elipse de centro* $C(h,k)$ *y eje mayor vertical es*

$$\frac{(x-h)^2}{b^2} + \frac{(y-k)^2}{a^2} = 1 \tag{6.6}$$

La demostración de la parte dos del segundo teorema se deja como ejercicio para el lector ya que se consigue siguiendo la secuencia utilizada en las anteriores demostraciones.

6.2.2. Forma general y degeneraciones de la elipse

Para iniciar, es bueno recordar que la ecuación (6.2) se denomina *ecuación general* gracias a que es una única ecuación para expresar todas las curvas cónicas, a continuación se observan los detalles que hacen que esta ecuación represente una elipse.

Obtención de la forma general a partir de la forma normal

En general, el caso con centro $C(h,k)$ permite generalizar la obtención de la forma general de la elipse a partir de su forma normal.

De (6.5) se consigue la forma general al resolver la suma entre las fracciones y resolver los cuadrados

$$b^2(a-h)^2 + a^2(y-k)^2 = a^2b^2$$
$$b^2x^2 + a^2y^2 - 2b^2hx - 2a^2ky = b^2h^2 + a^2k^2 - a^2b^2$$

Igualando a cero se consiguen los coeficientes $A = b^2$, $C = a^2$, $D = -2b^2h, E = -2a^2k$ y $F = b^2h^2 + a^2k^2 - a^2b^2$, con lo cual se ve la forma general expresada en (6.2).

$$Ax^2 + Cy^2 + Dx + Ey + F = 0.$$

Aunque podría considerarse obvio, es necesario tener claro que los coeficientes de la forma general deben ser todos enteros.

Es bueno notar que los coeficiente mencionados son los correspondientes al caso de eje focal horizontal, el lector debe hacer el correspondiente análisis para el caso de eje focal vertical.

Obtención de la forma normal a partir de la forma general

Como ya se mencionó en el apartado anterior, el caso de la elipse centrada en el origen es ambigüo, por lo tanto se presenta solamente el caso de la elipse con centro $C(h,k)$.

Reorganizando (6.2)

$$Ax^2+Dx+Cy^2+Ey+F=0,$$

factorizando el coeficiente lider en cada variable y completando cuadrados

$$A\left(x^2+\frac{D}{A}x\right)+C\left(y^2+\frac{E}{C}y\right)=-F$$

$$A\left(x^2+\frac{D}{A}x+\frac{D^2}{4A^2}\right)+C\left(y^2+\frac{E}{C}y+\frac{E^2}{4C^2}\right)=-F+\frac{D^2}{4A}+\frac{E^2}{4C}$$

$$A\left(x+\frac{D}{2A}\right)^2+C\left(y+\frac{E}{2C}\right)^2=\frac{D^2}{4A}+\frac{E^2}{4C}-F$$

$$\frac{\left(x+\frac{D}{2A}\right)^2}{C}+\frac{\left(y+\frac{E}{2C}\right)^2}{A}=\frac{CD^2+AE^2-4ACF}{4A^2C^2},$$

por último, para mejorar la escritura se hace $\Phi=\frac{CD^2+AE^2-4ACF}{4A^2C^2}$, con lo que se llega a

$$\frac{\left(x+\frac{D}{2A}\right)^2}{\Phi C}+\frac{\left(y+\frac{E}{2C}\right)^2}{\Phi A}=1. \tag{6.7}$$

donde equivalentemente con (6.5) y (6.6), $h=-\frac{D}{2A}$, $k=-\frac{E}{2C}$, $a^2=\Phi C$ y $b^2=\Phi A$ para el caso de eje focal horizontal y $a^2=\Phi A$ y $b^2=\Phi C$ para el caso de eje focal vertical.

Especial interés se prestará a la constante Φ ya que de ella dependen las principales degeneraciones de la elipse.

> **OBSERVACIÓN 6.2:** Importante es ver que los resultados conseguidos en los numerales 6.2.1 y 6.2.2 son resultados generales, es decir aplican en cualquier caso y la simple sustitución evitaría el trabajo de realizar cálculos, sin embargo se recomienda que cada vez que sea necesario se realice el procedimiento completo para conseguir así destreza en el manejo de los elementos algebraicos que este proceso requiere.

Degeneraciones de la Elipse

El análisis que hasta ahora se ha hecho de la ecuación (6.2) esta centrado en el producto $AC>0$ que corresponde a una *elipse*. Ahora se estudiarán las degeneraciones de (6.2).

DEFINICIÓN 6.3: Circunferencia Una *circunferencia* es un conjunto de puntos que equidistan de un punto interno fijo llamado *centro*. La distancia desde el centro a cualquier punto de la circunferencia se llama *radio* y la longitud del segmento que tiene punto medio el radio y extremos cualquier par de puntos sobre la circunferencia se denomina *diámetro*.

Gráficamente la circunferencia puede obtenerse como una degeneración de la elipse, ya que la circunferencia corresponde a una elipse en la que los focos estan ubicados sobre el centro con lo cual los radios vectores tienen igual longitud (el radio de la circunferencia).

A partir de la ecuación (6.2) y con la definición de circunferencia, puede deducirse la ecuación de cualquier circunferencia a partir de un sencillo análisis de (6.7).

Se parte de (6.5) para demostrar lo que sucede en general con (6.7) cuando se trata de una circunferencia.

$$\frac{(x-h)^2}{a^2}+\frac{(y-k)^2}{b^2}=1.$$

Como ya se ha estudiado, los denominadores determinan las longitudes de los ejes mayor y menor respectivamente. De acuerdo a la definición de circunferencia, las longitudes de los ejes mayor y menor deben ser iguales (radio) por tanto $a^2=b^2$, con lo cual (6.5) puede reescribirse como

$$(x-h)^2+(y-k)^2=r^2, \tag{6.8}$$

Que corresponde a la ecuación normal de una circunferencia con centro $C(h,k)$ y radio r. Se adopta, por conveniencia, $r^2=a^2=b^2$.

A partir de ahora se hará referencia únicamente a la ecuación de la circunferencia con centro en $C(h,k)$ ya que el resultado de la circunferencia con centro en el origen es ambigüo al hacer $h=0$ y $k=0$.

En (6.2.2) se demostró que al obtener la ecuación general a partir de la forma normal, los coeficientes A y C corresponden a b^2 y a^2 o a^2 y c^2 de acuerdo a la orientación del eje, con lo cual se llega a la conclusión siguiente:

CONCLUSIÓN 6.2: la ecuación

$$Ax^2+Cy^2+Dx+Ey+F=0$$

representa:
(i) Una Elipse si $AC>0$ con $A\neq C$.
(ii) Una circunferencia si $A=C$.

Al resolver los cuadrados en (6.8) para obtener la forma general de la circunferencia se comprueba que los coeficientes líder en ambas variables son uno ($A = C = 1$), por tanto, siempre que en (6.2) $A = C \neq 1$ deben reducirse estos coeficientes a uno (1) para poder llegar a la forma normal.

Por otro lado, respecto a la constante Φ mencionada en (6.7), se amplía la conclusión uno incluyendo otros dos resultados.

AMPLIACIÓN DE LA CONCLUSIÓN 6.2: la ecuación

$$Ax^2 + Cy^2 + Dx + Ey + F = 0$$

representa:
(i) Una Elipse si $AC > 0$ con $A \neq C$.
respecto a

$$\Phi = \tfrac{CD^2 + AE^2 - 4ACF}{4A^2C^2}$$

(ii) Una circunferencia si $A = C$ y $\Phi > 0$, correspondientemente $CD^2 + AE^2 > 4ACF$.
(iii) Un punto si $\Phi = 0$, solamente cuando $CD^2 + AE^2 = 4ACF$.
(iv) Ningún punto si $\Phi < 0$, ó $CD^2 + AE^2 < 4ACF$.

Los resultados *(ii)* al *(iv)* de la conclusión 6.2 se especifícan en el siguiente teorema:

Teorema 13. *Una circunferencia con centro el punto $C(h, k)$ y radio r, tiene forma normal*

$$(x - h)^2 + (y - k)^2 = r^2,$$

forma general

$$x^2 + y^2 + Dx + Ey + F = 0.$$

El análisis que se aplicó a (6.5) para obtener (6.8) sirve como demostración de la primera parte del Teorema 13.

La segunda parte del Teorema 13 puede demostrarse transformando la forma general en la forma normal, como sigue

$$x^2 + y^2 + Dx + Ey + F = 0$$
$$x^2 + \frac{D}{2}x + \frac{D^2}{4} + y^2 + \frac{E}{2}y + \frac{E^2}{4} = -F$$
$$\left(x + \frac{D}{2}\right)^2 + \left(y + \frac{E}{2}\right)^2 = \frac{D^2 + E^2 - 4F}{4}$$

Que corresponde a:

i) Una circunferencia de centro $C\left(\frac{-D}{2}, \frac{-E}{2}\right)$ y radio $\frac{1}{2}\sqrt{D^2 + E^2 - 4F}$.

ii) Un punto de coordenadas $C\left(\frac{-D}{2}, \frac{-E}{2}\right)$.

iii) Ningún punto siempre que $D^2 + E^2 < 4F$.

OBSERVACIÓN 6.3: Una ecuación de la forma

$$Ax^2 + Cy^2 + Dx + Ey + F = 0$$

representa uno de los resultados expuestos en el Teorema 13 siempre que $A = B$. Ahora, si $A = B \neq 1$ la recomendación es reducir estos coeficientes a uno (1), dividiendo toda la ecuación por el mismo valor para luego utilizar el método de completación de cuadrados para llegar a la forma normal.

Ejemplos A continuación se presenta una serie de ejercicios resueltos referentes al estudio de las ecuaciones de la elipse y sus degeneraciones.

(Ej-1) Hallar la ecuación de la elipse cuyos vértices son los puntos $(4, 0)$ y $(-4, 0)$ y cuyos focos son los puntos $(3, 0)$ y $(-3, 0)$.

Solución: Observando las coordenadas de los vértices y los focos, puede notarse que son puntos simétricos con respecto al eje de las ordenadas y dado que sus correspondientes ordenadas son cero, se tiene que se trata de una elipse de centro el origen y eje mayor horizontal.

Con lo cual, al aplicar el Teorema 12 se consigue la ecuación de la elipse.

$$\frac{x^2}{16} + \frac{y^2}{7} = 1.$$

(Ej-2) Hallar la excentricidad y trazar la gráfica de la elipse cuya forma general esta dada por:

$$x^2 + 9y^2 + 6x - 18y + 9 = 0.$$

Solución:

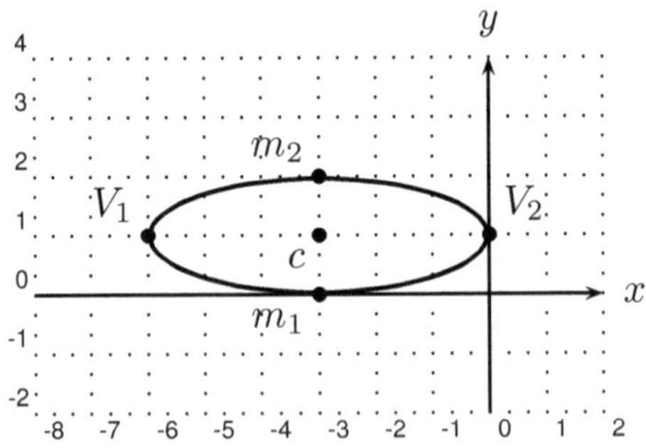

Figura 6.4: Elipse $x^2 + 9y^2 + 6x - 18y + 9 = 0$

Para construir la gráfica de la elipse y determinar su excentricidad, se llevará a la forma normal de donde se consiguen inmediatamente las coordenadas de los puntos vértices, focos, centro etc. Siguiendo la completación de cuadrados

$$x^2 + 6x + 9 + 9(y^2 - 2y + 1) = 9$$

$$(x + 3)^2 + 9(y - 1)^2 = 9$$

$$\frac{(x + 3)^2}{9} + (y - 1)^2 = 1.$$

Con esto la excentricidad corresponde a $e = \frac{\sqrt{8}}{3}$. Para la gráfica se deducen las coordenadas del centro $C(-3,1)$, los vértices $V_1(-6,1)$ y $V_2(0,1)$, y los extremos del eje menor $m_1(-3,0), m_1(-3,2)$.

(Eje-3) Determine si la ecuación corresponde a una circunferencia, un punto o ningún punto.

a) $x^2 + y^2 - 2x + 10y + 19 = 0$

b) $x^2 + y^2 + 2x - 4y + 5 = 0$

c) $x^2 + y^2 - 10x + 6y + 36 = 0$

d) $4x^2 + 4y^2 + 24x - 4y + 1 = 0$

Solución: Haciendo uso de la constante Φ y los resultados mostrados en la conclusión 1 (ampliada), dado que los coeficientes A y C de las ecuaciones $a), b)$ y $c)$ son uno (1), la constante Φ se reduce a:

$$\Phi = \frac{D^2 + E^2 - 4F}{4}$$

con lo cual $a)$ corresponde a una circunferencia de centro $C(1,-5)$ y radio $r = \sqrt{7}$; $b)$, el punto de coordenadas $P(-1,2)$; $c)$ corresponde a ningún punto ya que el numerador de Φ es negativo, $\Phi = -2$ y en el caso de $d)$ se tiene que los coeficientes A y C son cuatro (4), con lo cual la constante Φ se toma completa como la menciona la conclusión 1, con lo cual $d)$ es una circunferencia de centro $C\left(-3, \frac{1}{2}\right)$ y radio $r = 3$.

Problemas Generales

En los ejercicios del 1 al 10, determine las coordenadas de los puntos notables (centro, focos, vértices y menores), las longitudes de los lados rectos y trace la curva mostrando todos sus puntos.

1) $\frac{x^2}{25} + \frac{y^2}{169} = 1$
2) $9x^2 + 25y^2 = 900$
3) $4y^2 + 25x^2 = 100$
4) $4x^2 + 9y^2 = 36$
5) $2x^2 + 3y^2 - 4x + 12y + 2 = 0$
6) $25x^2 + 4y^2 - 250x - 16y + 541 = 0$
7) $4x^2 + 9y^2 + 24x + 18y + 9 = 0$
8) $9x^2 + 16y^2 + 54x - 32y - 47 = 0$
9) $x^2 + 2y^2 + 2x - 20y + 43 = 0$
10) $4x^2 + 9y^2 - 32x - 36y + 64 = 0$

En los ejercicios 11 al 15 determine si la gráfica de la ecuación es una elipse, una circunferencia, un punto, o bien el conjunto vacío.

11) $4x^2 + y^2 - 8x + 2y + 5 = 0$
12) $2x^2 + 3y^2 + 8x - 6y + 20 = 0$
13) $2x^2 + 2y^2 - 6x + 10y + 7 = 0$
14) $4x^2 + 4y^2 + 28x - 8y + 53 = 0$
15) $16x^2 + 16y^2 - 64x + 8y + 117 = 0$

En los ejercicios 16 al 20, obtenga una ecuación de la elipse que tiene las propiedades que se indican y trace la gráfica respectiva.

16) Vértices en $\left(-\frac{5}{2}, 0\right)$ y $\left(\frac{5}{2}, 0\right)$ y un foco en $\left(\frac{3}{2}, 0\right)$.
17) Focos en $(0,3)$ y $(0,-3)$ y para la cual la constante $2a$ es $6\sqrt{3}$.

18) Vértices en $(0,5)$ y $(0,-5)$ y pasa por el punto $\left(2,-\frac{5}{3}\sqrt{3}\right)$.

19) Centro en $(4,-2)$, vértice $(9,-2)$ y un foco en $(0,-2)$.

20) Focos en $(-1,-1)$ y $(-1,7)$ y la longitud del semieje menor es de dos tercios de la longitud del semieje mayor.

21) Hallar la ecuación y trazar la gráfica de la circunferencia cuyo centro es el punto $(7,-6)$ y que pasa por el punto $A(2,2)$.

22) Una circunferencia tiene su centro en el punto $C(0,-2)$ y es tangente a la recta $5x-12y+2=0$. Hallar su ecuación y su respectiva gráfica.

23) La ecuación de una circunferencia es

$$(x+3)^2+(y+4)^2=36.$$

Demostrar que el punto $A(2,-5)$ es interior a la circunferencia y que el punto $B(-4,1)$ es exterior.

24) Hallar la ecuación de la circunferencia de radio 5 y cuyo centro es el punto de intersección de las rectas

$$3x-2y-24=0 \text{ y}$$
$$2x+7y+9=0.$$

25) Hallar la ecuación de la tangente a la circunferencia $x^2+y^2-2x-6y-3=0$ en el punto $(-1,6)$.

26) Las ecuaciones de los lados de un triángulo son

$$9x+2y+13=0$$
$$3x+8y-47=0 \text{ y}$$
$$x-y-1=0.$$

Hallar la ecuación de la circunferencia circunscrita.

27) Presente una completa discusión para demostrar (*T12.2*).

Problemas de Profundización 1

28) Demostrar que las circunferencias $4x^2+4y^2-16x+12y+13=0$ y $12x^2+12y^2-48x+36y+55=0$ son concéntricas.

29) Dadas las circunferencias $x^2+y^2+4x+6y-23=0$ y $x^2+y^2-8x-10y+25=0$ demostrar que son tangentes.

30) Sean las circunferencias $x^2+y^2+2x-8y+13=0$ y $4x^2+4y^2-40x+8y+79=0$, demostrar que no se cortan.

En los problemas del 30 al 32, determinar la ecuación, centro y radio de la circunferencia que pasa por los puntos dados y representar cada una gráficamente.

31) $(0,0),(3,6)$ y $(7,0)$.

32) $(2,-2),(-1,4),(4,6)$.

33) $(4,-1),(0,-7),(-2,-3)$.

34) Los vértices de una elipse son los puntos $(1,1)$ y $(7,1)$ y su excentricidad es $\frac{1}{3}$. Hallar la ecuación de la elipse, las coordenadas de sus focos y las longitudes

de sus ejes mayor y menor y cada lado recto.

35) Los focos de una elipse son los punto $(-4,-2)$ y $(-4,-6)$, y la longitud de cada lado recto es 6.

36) El centro de una elipse es el punto $(-2,-1)$ y uno de sus vértices es el punto $(3,-1)$. Si la longitud de cada lado recto es 4, hállese la ecuación de la elipse, su excentricidad, la longitud de su eje menor y la de cada lado recto.

6.3. HIPÉRBOLA

DEFINICIÓN 4 Lugar geométrico descrito por un punto P que se mueve en el plano y cuyo valor absoluto de la diferencia entre las distancias de dicho punto a dos puntos fijos f_1, f_2 llamados *focos* es siempre igual a una constante $2a$, la distancia entre los *vértices* v_1, v_2. La constante $2a$ siempre menor que la distancia entre los *focos*.

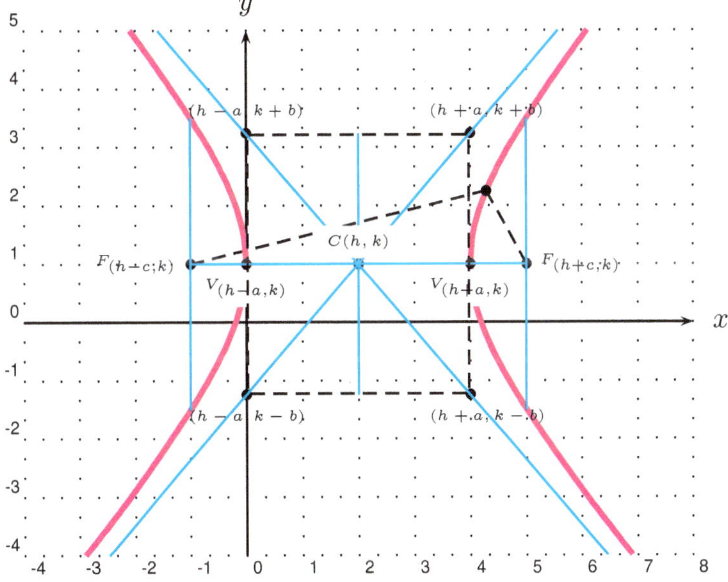

Figura 6.5: Hipérbola de centro (h,k) y eje focal horizontal.

El segmento de recta que une los *focos* es el *eje focal* y el segmento perpendicular al *eje focal* que pasa por el *centro*, el punto medio entre los vértices, cuya longitud es $2b$ se llama *eje conjugado*. Las cuerdas perpendiculares al eje focal con extremos sobre la hipérbola se denominan *lados rectos*.

6.3.1. Forma normal de la hipérbola

$$\frac{(x-h)^2}{a^2} - \frac{(y-k)^2}{b^2} = 1. \tag{6.9}$$

Al observar la ecuación normal de una elipse, (ecuación (6.9) hipérbola de eje focal horizontal) puede notarse claramente una analogía entre la ecuación normal de la elipse y la ecuación normal de la hipérbola, claramente la diferencia radica, en apariencia, únicamente en el signo entre las fracciones, sin embargo como se mencionará a continuación existen algunas diferencias que a pesar de ser menos evidentes son muy importantes para analizar esta curva.

Un primer análisis que debe aplicarse radica en los denominadores de las fracciones, ya que, a diferencia de la elipse, el sentido del eje focal no queda determinado por cuál de éstos es mayor.

En la elipse, b corresponde a la distancia del centro a los menores, siendo siempre b menor que a, lo que determina el sentido del eje focal, sin embargo, en la hipérbola, puede presentarse que a y b sean uno menor que el otro o incluso iguales sin que esto afecte el sentido del eje focal, la Figura (6.6) muestra esto claramente.

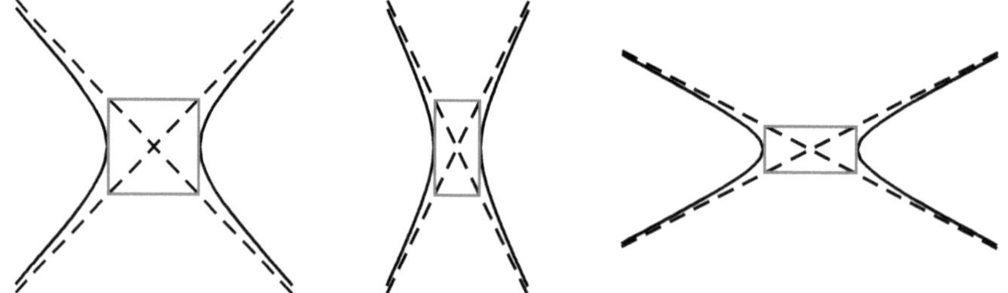

Figura 6.6: Hipérbola de centro (h, k) y eje focal horizontal.

La construcción de la ecuación normal de la hipérbola se consigue formalizando la definición de hipérbola, procedimiento análogo al seguido en la elipse.

Se determinan las distancias de un punto $P(x, y)$ sobre la hipérbola a los *focos* y se toma su diferencia hasta conseguir (6.9) como se ilustra a continuación:

$$d(f_1, P) - d(f_2, P) = 2a$$
$$\sqrt{[x-(h-c)]^2 + (y-k)^2} = 2a + \sqrt{[x-(h+c)]^2 + (y-k)^2}$$

Para simplificar la escritura se hace $u = [x-(h+c)]^2 + (y-k)^2$

$$\begin{aligned}
x^2 - 2(h-c) + (h-c)^2 + (y-k)^2 &= 4a^2 + 4a\sqrt{u} + [x-(h+c)]^2 + (y-k)^2 \\
x^2 - 2hx + 2cx + h^2 - 2ch + c^2 &= 4a^2 + 4a\sqrt{u} + x^2 - 2x(h+c) + (h+c)^2 \\
4cx - 4ch &= 4a^2 + 4a\sqrt{u} \\
4c(x-h) &= 4(a^2 + a\sqrt{u}) \\
c(x-h) - a^2 &= a\sqrt{u} \\
c^2(x-h)^2 - 2a^2c(x-h) + a^4 &= a\sqrt{u} \\
c^2(x-h)^2 - 2a^2cx + 2a^2ch + a^4 &= a^2\{[x-(h+c)]^2 + (y-k)^2\} \\
\frac{c^2(x-h)^2}{a^2} - 2c(x-h) + a^2 &= x^2 - 2x(h+c) + (h+c)^2 + (y-k)^2 \\
\frac{c^2(x-h)^2}{a^2} - (x-h)^2 - (y-k)^2 &= c^2 - a^2 \\
\frac{(x-h)^2(c^2-a^2)}{a^2} - (y-k)^2 &= c^2 - a^2,
\end{aligned}$$

con $b^2 = c^2 - a^2$

$$\frac{(x-h)^2}{a^2} - \frac{(y-k)^2}{b^2} = 1.$$

Siguiendo un procedimiento paralelo, el lector puede demostrar que la forma normal de la ecuación de una hipérbola de eje focal vertical está dada por

$$\frac{(y-k)^2}{a^2} - \frac{(x-h)^2}{b^2} = 1. \tag{6.10}$$

Teorema 14. ***Extensión del Teorema 12*** *En el* Teorema 12 *se presenta la generalización de la elipse. Como ya se mencionó la analogía entre elipse e hipérbola permite ver que los puntos notables (*centro, vértices, focos y extremos de los lados rectos*) son correspondientes para la hipérbola con la aclaración que la excentricidad* $e = \frac{c}{a}$ *es una constante siempre mayor que uno dado que la distancia del centro al foco* (c) *es mayor que la distancia del centro al vértice* (a) *en la hipérbola.*

La principal diferencia entre elipse e hipébola aparece en la existencia de asíntotas que son:

(T14.1) Eje focal horizontal

$$y = \mp\frac{b}{a}(x-h) + k. \tag{6.11}$$

(T14.2) Eje focal vertical

$$y = \mp\frac{a}{b}(x-h) + k \tag{6.12}$$

La demostración de las ecuaciones (6.11) y (6.12) puede abordarse de dos formas diferentes

F1 A través de dos puntos de cada asíntota.

De la figura (6.5) las asíntotas pasan por los puntos $(h-a, k+b)$, $(h+a, k-b)$, $(h-a, k-b)$ y $(h+a, k+b)$ correspondientemente.

Tomando los puntos $(h-a, k-b), (h+a, k+b)$, la pendiente de la recta que los contiene es

$$\begin{aligned} m &= \frac{k+b-k+b}{h+a-h+a} \\ &= \frac{b}{a}, \end{aligned}$$

así, la ecuación de la asíntota que pasa por esos puntos es

$$\begin{aligned} y &= \frac{b}{a}(x-h+a)+k-b \\ &= \frac{b(x-h)}{a}+k. \end{aligned}$$

Que puede generalizarse

$$y = \mp\frac{b}{a}(x-h)+k.$$

Dado que el único cambio es en el signo de la pendiente.

F2 A partir de la ecuación normal de la hipérbola.

Despejando y en (6.9) se tiene

$$y = \mp\frac{b(x-h)}{a}\sqrt{1-\frac{a^2}{(x-h)^2}}+k,$$

a travér del cálculo, puede demostrarse que

$$\lim_{x\to\infty}\sqrt{1-\frac{a^2}{(x-h)^2}} = 1$$

con lo que se obtiene

$$y = \mp\frac{b}{a}(x-h)+k.$$

El caso de las asíntotas de una hipérbola de eje focal vertical puede demostrarse de manera semejante al caso de eje focal vertical, por tanto se deja como ejercicio para el lector.

6.3.2. Forma general y degeneraciones de la hipérbola.

Ya se ha mencionado que la ecuación (6.2) representa cualquiera de las cónicas y se ha visto que cuando $AC = 0$, se genera una parábola, igualmente, que cuando $AC > 0$ corresponde a una elipse y cuando $AC < 0$ una hipérbola, por tanto se centra el estudio de la forma general de la hipérbola en el sentido del eje focal, para lo cual, la ***obtención de la forma general a partir de la forma normal*** sigue el mismo procedimiento que en la elipse así como la ***obtención de la forma normal a partir de la forma general*** utiliza el mismo proceso que el empleado en obtener (6.7) de donde puede concluirse que (1.2) representa una hipérbola de eje focal horizontal cuando $\Phi A < 0$ con lo que $a = \sqrt{\Phi C}$ y $b = \sqrt{\Phi A}$, una hipérbola de eje focal vertical cuando $\Phi A > 0$ de tal forma que $a = \sqrt{\Phi A}$ y $b = \sqrt{\Phi C}$, dada la diferencia en el signo de las fracciones, el producto ΦC lleva el signo contrario al producto ΦA.

La constante Φ se define igual que en (6.7).

Degeneración de la hipérbola

Debido a que la ecuación (6.2) representa una hipérbola en el producto $AC < 0$ la, única degeneración de la hipérbola es un par de rectas intersecantes cuando $\Phi = 0$.

Las rectas intersecantes tienen ecuaciones las que fueran ecuaciones de las asíntotas expresadas y demostradas en el Teorema (4).

CONCLUSIÓN 6.3: la ecuación

$$Ax^2 + Cy^2 + Dx + Ey + F = 0$$

representa:
(i) Una hipérbola si $AC < 0$.
(ii) Un par de rectas intersecantes si $\Phi = 0$.

Ejemplos

(Ej-1) Hallar el lugar geométrico de los puntos cuya distancia al punto fijo $Q(0, 6)$ sea igual a $\frac{3}{2}$ de la correspondiente a la recta $l : y - \frac{8}{3} = 0$

Solución: Sea P un punto sobre la hipérbola de coordenadas (x, y). Se halla la distancia entre éste y el punto fijo Q

$$d = \sqrt{x^2 + (y-6)^2}$$

ahora, la distancia entre el punto dado y la recta (puede observarse que se trata de una recta horizontal), queda definida por

$$d(P, l) = \frac{3y - 8}{3},$$

luego, de acuerdo con el planteamiento,

$$\sqrt{x^2 + (y-6)^2} = \frac{3}{2}\left(\frac{3y-8}{3}\right)$$

$$x^2(y-6)^2 = \frac{9}{4}\left(\frac{3y-8}{3}\right)^2,$$

de donde se deduce la ecuación general

$$4x^2 - 5y^2 = 80.$$

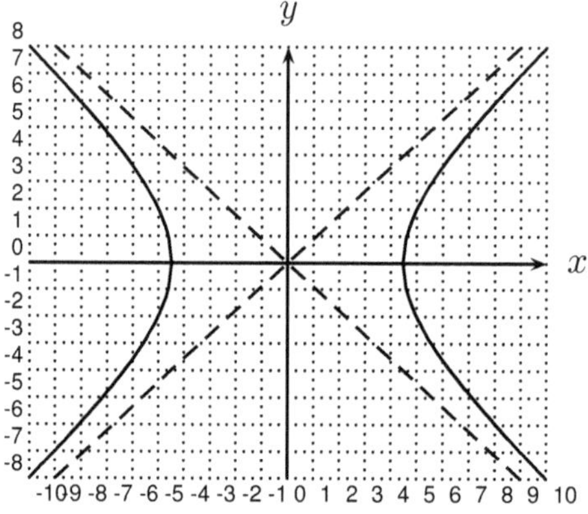

Figura 6.7: Hipérbola $4x^2 - 5y^2 = 80$

(Ej-2) Demostrar que el lugar geométrico de los puntos cuyo producto de las pendientes de las rectas que los unen con los puntos fijos $(-2, 1)$ y $(3, 2)$ es igual a 4, representa una hipérbola.

Solución: Según el planteamiento

$$m_1.m_2 = 4.$$

Tomando un punto de coordenadas (x, y), colineal con los puntos $(-2, 1)$ y $(3, 2)$, desarrollando las pendientes de las rectas correspondientes y de acuerdo al planteamiento

$$\left(\frac{y-1}{x+2}\right)\left(\frac{y-2}{x-3}\right) = 4$$

$$4x^2 - y^2 - 4x + 3y - 26 = 0.$$

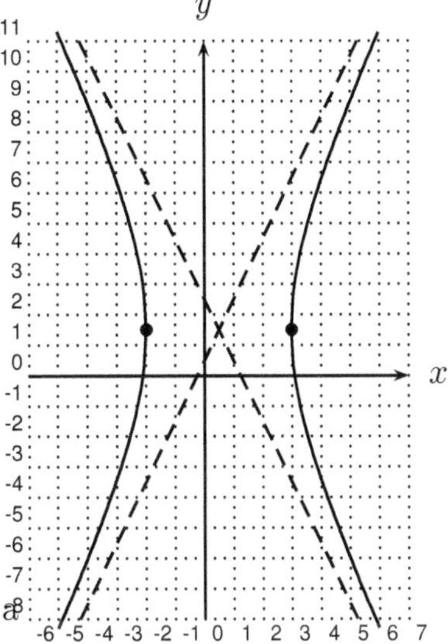

Figura 6.8: Hipérbola $4x^2 - y^2 - 4x + 3y - 26 = 0$.

Problemas Generales

En los ejercicios 1 a 10 encuentre las coordenadas de los vértices, centro, focos, muestre el rectángulo auxiliar y las ecuaciones de las asíntotas. En cada caso trace la gráfica e la hipérbola y sus características.

1) $25y^2 - 36x^2 = 900$

2) $4x^2 - 9y^2 = 144$

3) $3x^2 - y^2 = -3$

4) $16y^2 - 36x^2 = 1$

5) $y^2 - 4x^2 - 16x - 2y - 19 = 0$

6) $x^2 - 3y^2 + 8x - 6y + 4 = 0$

7) $3y^2 - 4x^2 - 8x - 24y - 40 = 0$

8) $-y^2 - 8y + 4x^2 + 32x = -49$

9) $2x^2 - y^2 + 2y + 8x + 3 = 0$

10) $y^2 - x^2 - 4y + 4x - 1 = 0$

En los ejecicios 11 al 20 obtenga la ecuación de la hipérbola que satisfaga las condiciones y trace su gráfica.

11) Un foco en $\left(-3 - 3\sqrt{13}, 1\right)$, asíntotas que se cortan en $(-3, 1)$ y una asíntota que pasa por el punto $(1, 7)$.

12) Focos en $(-1, 4)$ y $(7, 4)$ y pasa por el punto $\left(5, 3 + \frac{6}{5}\sqrt{5}\right)$.

13) Extremos del eje conjugado en $(0, \mp 3)$ y un foco en $(5, 0)$.

14) Vértices en $(\mp 3, 0)$ y ecuaciones de las asíntotas $y = \mp 2x$.

15) Focos en $(0, \mp 10)$ y ecuaciones de las asíntotas $y = \mp \frac{x}{3}$.

16) Centro $(4, 5)$, uno de sus focos $(8, 5)$ y la excentricidad 2.

17) Vértices en $(-2, 2)$ y $(-2, -4)$ y la longitud del lado recto 2.

18) Focos $\left(2 \mp 5\sqrt{(}2), 7\right)$, longitud del eje focal 10.

19) Centro $(-2,-5)$, longitud del eje focal 14, longitud del eje conjugado 12.

20) Vértices $(0,\mp 5)$ y pasa por $\left(\frac{1}{2},-3\sqrt{2}\right)$.

Apéndice A

Álgebra

Es bueno recordar que en el álgebra se utilizan símbolos como x, y (sin ser estos los únicos) que representan cantidades viables; para el trabajo con estos símbolos hay que mencionar además de las leyes del álgebra la forma lógica de operación es decir, por ejemplo en la ecuación

$$3x + 2y = 0$$

no tiene sentido el resultado $5xy$ ya que la operación con los símbolos algebraicos (términos alfabéticos) se realiza por grupos de iguales, en otras palabas x con x e y con y.

Un primer uso de las reglas de la aritmética en el álgebra esta dado en la resolución de ecuaciones, para comenzar veamos algunos casos de ecuaciones lineales.

$$3x = 24$$

Es importante recordar que el lenguaje matemático al igual que cualquier otro lenguaje tiene reglas ortográficas y gramaticales, es decir muchos errores que se cometen en la resolución de procedimientos matemáticos radican en el mal uso del lenguaje, para empezar lo primero es olvidarse de la histórica transposición de términos que aunque ha sido manejada por muchos años no tiene sentido matemáticamente hablando, veamos en que consiste el procedimiento real (conocido como ley de uniformidad) para despejar en la ecuación anterior, la variable x

$$\frac{3x}{3} = \frac{24}{3}$$

$$x = 8$$

Como vemos no se trata de pasar el tres a dividir, eso no tiene sentido, de lo que se trata es de dividir a los dos lados de la igualdad por la misma cantidad, a esto se le llama construir ecuaciones equivalentes, o de otra forma operar a ambos lados de la igualdad de la misma manera.

Este procedimiento se realiza con todas las operaciones básicas como elevar a una potencia, aplicar algún radial, sumar cantidades, restar cantidades, multiplicar etc.

Veamos un ejemplo más.

Resolver

$$(8x-2)(3x+4) = (4x+3)(6x-1)$$

Solución

$$\begin{aligned} 24x^2+26x-8 &= 24x^2+14x-3 \\ 24x^2+26x-8-(24x^2+14x) &= 24x^2+14x-3-(24x^2+14x) \\ 12x-8+(8) &= -3+(8) \\ 12x &= 5 \\ x &= \frac{5}{12} \end{aligned}$$

A.0.3. Reglas para operar fracciones

Multiplicación de fracciones

$$\frac{a}{b} \times \frac{c}{d} = \frac{ac}{bd}$$

División de fracciones

$$\frac{\frac{\alpha}{\beta}}{\frac{\gamma}{\delta}} = \frac{\alpha\delta}{\beta\gamma}$$

Adición y diferencia de fracciones

$$\frac{x}{y} \mp \frac{u}{z} = \frac{xz \mp yu}{yz}$$

Nota: En la diferencia hay que tener especial cuidado con el orden en que se hace la operación.

A.0.4. Regla de los exponentes

Es necesario recordar dos términos básicos antes de revisar los resultados principales de la regla de los exponentes, estos dos términos son *base y exponente*, en una expresión algebraica la base es la cantidad sobre la que actúa el exponente que a su vez es la cantidad que indica cuantas veces se multiplica la base por sí misma, por ejemplo en la expresión

$$x^5$$

la base es x y el exponente 5 lo que indica que se multiplica $x \times x \times x \times x \times x$.

$\alpha^0 = 1;\ \forall\alpha \neq 0$	$\alpha^1 = \alpha$	$\alpha^m \times \alpha^n = \alpha^{m+n}$
$\frac{\alpha^m}{\alpha^n} = \alpha^{m-n};\ \forall\alpha \neq 0$	$(\frac{\alpha}{\beta})^n = \frac{\alpha^n}{\beta^n};\ \forall\beta \neq 0$	$\sqrt[n]{\alpha^m} = \alpha^{\frac{m}{n}}$
$(\alpha\beta)^n = \alpha^n\beta^n$	$\sqrt[n]{\alpha} = \alpha^{\frac{1}{n}}$	$(\alpha^n)^m = \alpha^{nm}$

Tabla A.1: Propiedades de la potenciación.

A.0.5. Radicales

De igual forma que con los exponentes, para los radicales es necesario saber identificar las partes de una expresión radical, para ello utilizamos la siguiente expresión

$$\sqrt[n]{a},$$

donde

(∗) n es el índice

(∗) a es la cantidad subradical

Simplificación de radicales

Se puede reducir la forma en que se expresa un radical utilizando el siguiente método, dividiendo los exponentes de la cantidad subradical por el índice y sacando del radical las expresiones con exponente entero, por ejemplo.

Simplificar la expresión

$$2\sqrt{25p^6q^3r}$$

Solución Factorizando la cantidad subradical hasta conseguir exponentes que sean múltiplos del índice

$$2\sqrt{5^2p^6q^2qr}$$

Tomando la cantidad subradical, se dividen los exponentes en el índice

$$5^{\frac{2}{2}} \times p^{\frac{6}{2}} \times q^{\frac{2}{2}} \times q^{\frac{1}{2}} \times r^{\frac{1}{2}}$$

Las cantidades con exponente Entero se sacan del radical y las que tengan exponente racional se dejan dentro del radical (Recordar de la ley de exponentes $a^{\frac{1}{n}} = \sqrt[n]{a}$)

$$2 \times (5p^3 q)\sqrt{qr}$$

Resultado final

$$10p^3 q\sqrt{qr}$$

Adición y diferencia de radicales

Para poder realizar operaciones de adición o diferencia entre radicales es necesario que los radicales involucrados sea semejantes. Un par de radicales se llaman semejantes cuando tienen el mismo índice y la misma cantidad subradical, por ejemplo, los radicales

$$5a\sqrt{x\delta^2}; 10p\sqrt{x\delta^2}; 8yq\sqrt{x\delta^2}$$

Son Radicales Semejantes

Teniendo lo anterior presente desarrollar adiciones o diferencias con radicales es tan simple como hacerlo con expresiones algebraicas, para dar un ejemplo.
Desarrolle las operaciones indicadas

$$5p\sqrt{xy} + (2p - q)\sqrt{xy} - 3q\sqrt{xy}$$

Solución

$$\begin{aligned} 5p\sqrt{xy} + (2p - q)\sqrt{xy} - 3q\sqrt{xy} &= 5p\sqrt{xy} + 2p\sqrt{xy} - q\sqrt{xy} - 3q\sqrt{xy} \\ &= 7p\sqrt{xy} - 4q\sqrt{xy} \\ &= (7p - 4q)\sqrt{xy} \end{aligned}$$

Multiplicación de radicales

Respecto a la multiplicación de radicales se dan dos casos generales

a. Si los radicales a multiplicar tienen el mismo índice, en cuyo caso la multiplicaciónn de raices es igual a la raíz de la multiplicación, la siguiente expresión muestra esto

$$\sqrt[n]{\epsilon} \times \sqrt[n]{\varphi} = \sqrt{\epsilon\varphi} \tag{A.1}$$

b. Si los radicales a multiplicar tienen índices diferentes. Este caso precisa de que los índices de todas las raices sean los mismos, para ver el procedimiento seguimos el siguiente ejemplo.
Desarrolle la multipliación de radicales

$$\sqrt[6]{3a} \times \sqrt[12]{b - a} \times \sqrt[4]{2ab}$$

Solución Inicialmente se toman los índices y se calcula su $m.c.m.$ y éste será el índice común

$$m.c.m.(4; 6; 12) = 12$$

El nuevo índice común se divide en cada uno los índices iniciales

$$12 \div 6 = 2; 12 \div 12 = 1; 12 \div 4 = 3$$

La cantidad subradical de cada radical se eleva al resultado de su correspondiente cociente

$$\sqrt[12]{(3a)^2} \times \sqrt[12]{(b-a)} \times \sqrt[12]{(2ab)^3}$$

Se desarrolla la operación de acuerdo a lo expresado en la ecuación (a)

$$\sqrt[12]{9a^2 \times (b-a) \times (2ab)^3}$$

Resultado final

$$\sqrt[12]{72a^5b^3(b-a)}$$

Cociente de radicales

Para el cociente de radicales se sigue el mismo procedimiento de la multiplicación de radicales es decir, si los radicales tienen el mismo índice el cociente de raices es la raíz del cociente lo que se expresa de manera general como

$$\sqrt[n]{\frac{w}{k}} = \frac{\sqrt[n]{w}}{\sqrt[n]{k}} \tag{A.2}$$

y en el caso donde los índices de los radicales son diferentes se sigue el procedimiento expresado en el numeral (b) de la multiplicación de radicales, para verlo estudiamos el siguiente ejemplo.
Desarrolle el cociente planteado

$$\frac{\sqrt[4]{2x^2}}{\sqrt[3]{x}}$$

Solución Lo primero es encontrar el $m.c.m.$ entre los índices de los radicales

$$m.c.m.(4; 3) = 12$$

Ahora al dividir el índice común 12 entre cada uno de los índices iniciales se obtienen los nuevos exponentes de las cantidades subradicales

$$12 \div 4 = 3; 12 \div 3 = 4$$

Ya con el índice común y los nuevos exponentes se aplica el resultado de la ecuación (A.2)

$$\sqrt[12]{\frac{(2x^2)^3}{x^4}} = \sqrt[12]{2x^2}$$

Otras propiedades de los radicales

(*) $\sqrt[n]{\sqrt[m]{a}} = \sqrt[nm]{a}$

(*) $p\sqrt[n]{q} = \sqrt[n]{p^n q}$

A.0.6. Algunos resultados de interés

Ahora se presenta una recopilación de ecuaciones en varios temas, ecuaciones que es apropiado tenerlas siempre cerca.

Factorización de polinomios

$ax + ay + az = a(x + y + z)$	$y^3 + y^3 = (x + y)(x^2 - xy + y^2)$
$x^2 + 2xy + y^2 = (x + y)^2$	$x^2 - 2xy + y^2 = (x - y)^2$
$x^2 - y^2 = (x + y)(x - y)$	$x^3 - y^3 = (x - y)(x^2 + xy + y^2)$

Tabla A.2: Factorización.

Ecuaciones lineales

De dos puntos $P_1 = (x_1, y_1)$ y $P_2 = (x_2, y_2)$, ubicados en un mismo plano se puede determinar:

1. La distancia entre los puntos, a través de la *ecuación de la distancia*

$$\overline{P_1P_2} = \sqrt{(x_2 - x_1)^2 + (y_2 - y_1)^2} \tag{A.3}$$

2. Llámese M al punto medio del segmento de recta que une a P_1 y P_2 de coordenadas X_M, Y_M; conocidas las coordenadas P_1 y P_2 se tiene que

$$X_M = \frac{x_1 + x_2}{2} \text{ y } Y_M = \frac{y_1 + y_2}{2} \tag{A.4}$$

3. La pendiente de la recta que pasa por los puntos P_1 y P_2
   Antes de ver como calcular el valor de la pendiente de la recta es bueno recordar el concepto de pendiente. La pendiente de la recta indica el grado de inclinación de la recta respecto del eje de abscisas; entre mayor sea el valor de la pendiente más inclinada será la recta, la pendiente siempre se lee como el número de unidades de desplazamiento en el eje vertical Y, sobre el número de unidades de desplazamiento sobre el eje horizontal X; ya que la pendiente determina el grado de inclinación de la recta, se dan entonces cuatro casos de recta respecto al valor de la pendiente

a. Si la pendiente es cero $m = 0$ la recta es horizontal.

b. Si la pendiente es negativa $m < 0$ la recta tiene un sentido decreciente.

c. Si la pendiente es positiva $0 < m$ la recta tiene un sentido creciente.

d. Si la pendiente es indeterminada $m = \infty$ la recta es vertical. De acuerdo a lo anterior veamos como se calcula el valor de la pendiente

(d.1) Dado que se conocen las coordenadas de dos puntos P_1 y P_2, el valor de la pendiente se calcula como sigue

$$m = \frac{\Delta_y}{\Delta_x} = \frac{y_2 - y_1}{x_2 - x_1} \tag{A.5}$$

(d.2) Si se conoce el ángulo θ que forma la recta con el eje de abscisas, la pendiente de la recta queda definida como

$$m = \tan^{-1}\theta \tag{A.6}$$

Otros dos resultados importantes que involucran a dos rectas, relativos a la pendiente son:
Dadas m_1 y m_2 las pendientes de dos rectas, se dice que las rectas son paralelas si y solo si

$$m_1 = m_2 \tag{A.7}$$

Si m_1 y m_2 son las pendientes de dos rectas, se dice que las rectas son perpendiculares si y solo si

$$m_1 \times m_2 = -1 \tag{A.8}$$

4. La ecuación de la recta que pasa por los puntos P_1 y P_2
Como ya se ha visto teniendo las coordenadas de dos puntos de la recta es posible calcular la pendiente, luego para calcular la ecuación general de recta utilizaremos el cálculo de la pendiente y cualquiera de los dos puntos dados, haciendo uso de la siguiente ecuación conocida como la *forma punto pendiente de la ecuación de una recta.*

$$y = m(x - x_1) + y_1 \tag{A.9}$$

donde al despejar y se obtiene la ecuación normal de la recta

$$y = mx + b \tag{A.10}$$

se resalta de la ecuación normal que: y es la variable dependiente, x la variable independiente, m el valor de la pendiente, y b el valor de la ordenada al origen o el valor de y cuando x vale cero (0).

Teorema del binomio

El teorema del binomio es utilizado para desarrollar expresiones de la forma $(a+b)^n$

$$(a+b)^n =_n C_0 a^n +_n C_1 a^{n-1} b +_n C_2 a^{a-2} b^2 + ... +_n C_r a^{n-r} b^r + ... +_n C_n b^n \quad (A.11)$$

donde $_nC_r = \frac{n!}{(n-r)!r!}$

Propiedades del cero

* Multiplicación por cero $a \times 0 = 0$
* División por cero $\frac{a}{0} = indefinido$. Estrictamente no existe, el valor del límite puede ser $+\infty$ o $-\infty$, o un valor fijo. También puede ser diferente el límite en 0^+ y en 0^-, o simplemente no ser calculable.
* Adición al cero $a + 0 = a$
* Sustracción del cero $a - 0 = a$

Bibliografía

[1] Frank Ayres Jr., *Trigonometría*, McGrawHill, 1991.

[2] Joseph H. Kindle, *Geometría analítica*, McGrawHill, 1991.

[3] Charles H. Lehmann, *Geometría analítica*, Limusa, 1994.

[4] Louis Leithold, *álgebra y trigonometría con geometría analítica*, Harla, 1994.

[5] Reymond A. Serway, *Física*, McGrawHill, 1996.

[6] Michael Sullivan, *Trigonometría con geometría analítica*, Prentice Hall, 1997.

[7] Earl Swokowski, *álgebra y trigonometría con geometría analítica*, Cengage Learning, 2009.

[8] Dennis G. Zill, *álgebra y trigonometría*, McGrawHill, 2011.

Índice alfabético

www.ingramcontent.com/pod-product-compliance
Lightning Source LLC
Chambersburg PA
CBHW041228270326
41935CB00002B/4

* 9 7 8 9 5 8 4 6 8 1 3 9 3 *